蘭汀 南廣祐 文集 Ⅳ

漢字教育

韓國語文教育研究會

도서출판 월인

刊行辭

사람은 어느 누구나 無限한 可能性을 지니고 태어납니다. 그럼에도 不拘하고 우리 주변에는 한 평생을 거저 뜻없이 살다가 生을 마감하는 분들이 많습니다.

그러나 蘭汀 南廣祐 先生께서는 남달리 뛰어난 天賦의 才能을 지니고 태어나신데다가, 萬事에 積極的이고 推進力이 强하였으므로 당신께서 세워 놓은 目標達成을 위하여 平生 동안 조금도 흔들림이 없이 一路邁進하셨습니다.

그리하여 1969年에 漢字敎育을 통한 國語敎育의 正常化를 推進하고자 一石 李熙昇 先生과 함께 결성하신 韓國語文敎育硏究會의 國語運動과 硏究活動을 盤石위에 올려놓으셨고, 漢字敎育을 振興시키기 위하여 韓國漢字能力檢定會를 設立하셨으며 이들 두 團體의 活動을 確固不動하게 뒷받침하고자 社團法人 韓國語文會를 조직하셨습니다.

선생은 國語運動家이면서 國語學者이었으며 漢字音 專攻學者이면서도 國語史 硏究에 必須的인 귀중한 語彙資料를 心血을 기울여 整理하셨습니다.

8·15 光復 後 우리나라 學界를 主導해 온 한 분으로서 國語國文學會, 國語學會 등 여러 硏究團體 成立에 中樞的 구실을 하셨을 뿐만 아니라 學問的 著述에도 精進하여 많은 量의 業績을 남기셨습니다. 先生의 글은 모든 글이 理路整然하고 論證이 精緻하여 學界에 크게 貢獻하셨습니다.

이에 本會에서는 先生의 10週忌를 맞이하여 先生의 不朽의 學問的 業績을 길이 기리기 위하여 『蘭汀 南廣祐 文集』을 上梓하였습니다. 應當 先生의 모든 글들을 한자리에 모으는 作業이 進行되어야 할 것이나, 이번에는 우선 國語學, 國語敎育, 國語政策, 漢字語 그리고 漢字政策에 관련한 글들을 우선 모았습니다.

여러 論文集에 실린 논문들을 모아보자는 작업의 趣旨에 따라 이미 單行本으로 정리된 논문들은 이번 작업의 對象에서 除外하였습니다만, 이번에 간행되는 『蘭汀 南廣祐 文集』이 온 국민과 世界各國 韓國學硏究家의 必讀 參考文獻이 될 것으로 믿는 바입니다.

2007年 11月 30日

社團法人 韓國語文會 第4代 理事長 姜信沆 사룀

차례

學校漢字敎育

國語國學이 안고 있는 오늘의 問題

-漢字敎育 强化하고 맞춤법은 쉽게-

1

우리 民族은 濊貊을 根幹으로 하여 漢人, 蒙古人, 倭人 그 밖의 요소가 포함되어 있으나 그렇게 混雜多異한 複合體는 아니다.

濊貊族은 滿蒙系統 土耳其系統 즉 알타이語 系統族과 한가지 오랜 起源을 가진 血緣的으로도 비교적 서로 가까운 一族으로, 大陸北方에서 東進하여 온 것이라 한다.

언제 東進해서 半島에 들어 왔는지는 자세히 알 수 없으나, 대개 新石器時代 初中期라 推定되며 오랜 歷史와 地理的 環境에 따라 스스로 특색을 보존하여 온 것이다.[1]

우리말 形成에 있어서는 北方 高句麗語와 南方 韓族語와는 같은 原語에서 출발했을 것이나 有史以後에는 이들 사이에 커다란 差異가 있었을 듯하다.

高句麗語는 扶餘族의 言語로 Tungus-Manchu語에 가까운 것인데 국어는 주로 南方 韓族의 言語가 중심이 되어 이루어진 것이라 생각하는 것이다.[2]

---

1) 韓國史 古代篇(震檀學會編) 總說
2) 金亨奎, 國語史研究, p. 4~5.

그런데 우리말은 오랜 歷史的 過程에서 적잖이 外國語의 영향을 받은 것이 사실이다. 적어도 二千年 以上을 漢字文化圈에서 호흡해 오는 동안에 中國系 漢字語, 國產 漢字語에 日製 漢字語까지 합하면 우리말의 太半이 된다는 것은 널리 알려진 사실이요, 高麗時代에 蒙古語, 二〇世紀에 들어와서 西歐諸語나 日語로부터의 약간의 借用語가 있다. 西歐語系統의 外來語는 전에는 日本을 통하여, 최근에는 英語를 통하여, 받아들여지고 있다.

한편 해방 전만 해도 各 方言 間에 상당한 차이가 있어 意思소통에 적잖은 장애가 있었다 하겠으나 특히 해방 후의 국어 교육에 의한 표준말의 普及과 해방이 되자 北韓同胞의 越南, 六·二五사변이 당시의 避難民의 南行 등으로 급격히 方言 사이의 장벽은 무너져 갔다고 할 수 있다.

우리말을 적는 글자로서는 漢字와 한글이 있다. 漢字는 世宗 二五년 陰十二월(陽曆으로 世宗 二六년)에 世宗이 訓民正音을 創制할 때까지는 우리말을 적는 唯一한 文字였다. 鄕札이니 吏讀니 口訣(吐)이니 하는 따위가 다 漢字의 音訓을 빌고 또는 그 略體를 利用하였던 것에 불과하다. 우리말을 적을 수 있는 固有文字가 없었던 데다 表意文字인 漢字가 지니는 여러 長點으로 해서 漢字語는 늘어나고 한편 固有語와 代替되어 오늘날에 와서는 우리말의 脊椎을 이루고 있다하여도 過言이 아니요, 漢字語 없이는 意思疏通이 안될 정도가 되어버렸다.

2

우리가 中國과 日本 사이에 끼어 있어 오랜 세월동안 中國文化의 至大한 영향을 받아 왔었고 가깝게는 日本의 支配下에 있었으며 해방 후에는 특히 美國과의 유대관계가 있었던 것 등 이것이 우리말에 직접 간접으로 영향을 끼쳤다.

한편 해방 후 祖國이 光復되었다는 흥분과 혼란 속에 한글 專

用이 愛國의 길이라는 그릇된 語文政策으로 誤導되어 오늘날 적잖이 國語國字政策에 混亂을 빚어내고 있는 것이다.

一. 社會에서는 漢字가 쓰이고 있는데 학교에서는 漢字 疏外의 교육이 행해져 平行線을 걸어 왔다.

二. 六八년 一월 一일을 期해서 韓國新聞協會에서 자율적으로 漢字 制限案을 실시하기로 된 것은 進一步였다. 여기서 二千字가 選定되었는데 社에 따라 獨自的인 案을 실시하는데도 있는 듯하고 略字나 代用字 사용의 不統一도 눈에 띈다.

三. 外來語표기에 있어서도 학교의 그것과 신문 잡지의 그것이 다르며 심지어 신문마다 다른 것이 눈에 띈다.

四. 맞춤법 또한 교과서의 그것과 신문 잡지의 그것이 다른 것이 있으며 신문 잡지마다 다른 것도 눈에 띈다.

五. 日語 殘滓가 상당히 言衆 깊숙이 침투되어 있으며 外來語의 범람이 두드러진 현실이다.

六. 한글專用 方向의 국어교육으로 漢字知識이 모자라 특히 漢字語의 잘못된 발음이 蔓延되어 있다.

七. 학교문법의 細部體系의 통일을 보지 못하고 있다.

八. 新語濫造에 의한 國語美의 損傷이나 국어의 混亂을 가져오는 事例가 있다.

九. 辭典間의 異見(맞춤법이나 發音 등)도 꽤 보인다.

十. 최근에 와서 姓名의 우리말化 문제가 擧論되어 또다시 風波를 일으킬 조짐이 있는 듯하다.

이런 事態는 모두가 語文政策의 잘못에서 빚어진 결과라 하겠다. 과거의 語文政策이 권위있는 국어연구소나 국어심의 위원회의 연구나 審議를 거친 科學的이고도 合理的이요, 신중한 것이었다면 이러한 일들은 일어나지 않았을 것이다.

그런데 유감스럽게도 과거의 우리나라 語文政策은 一部 편협한 人士의 집요한 생각에만 誤導되어온 것이 숨길 수 없는 사실이다.

新學期을 期해 국민학교에 漢字 實驗學校를 둔다는 것은 지금까지의 잘못된 방향에 比해 勇斷이요, 매우 鼓舞的인 일이다. 그러나 털어놓고 얘기하면 이미 實驗은 끝난 것이나 다름없다. 우리와 비슷한 처지의 日本에서는 다년간의 硏究實驗 결과로 小學校에서는 종전의 八百八一 字의 敎育漢字를 七一년부터 九百九六字로 늘린 것이다. 또 우리나라에서도 과거 漢字混用의 敎育으로 普通學校 卒業이면 新聞을 읽을 수 있었던 것이 아닌가! 다만 해방 후 祖國光復의 興奮속에 학대받던 우리말 우리글을 되찾았다는 감격에서 感情에 사로잡혀 우리가 漢字文化圈에 속해 있고 우리 文化遺産이 漢字文化요, 우리말의 太半이 漢字語라는 엄연한 현실을 결과적으로 外面했기 때문에 오늘의 현실을 빚었을 뿐이라 생각한다.

보도에 의하면 오는 二學期부터 中學校에서 漢字敎育을 국어교육과는 별도로 新設해서 실시한다는 것이다. 우리는 漢文敎育이라 할지라도 漢字를 接할 수 있다는 데서 進一步의 조치로 우선 환영한다.

그러나 국어교육과 별도로 漢文敎育을 실시한다는 것은 한글版 교과서는 固守한다는 입장을 취하는 듯하다. 이것은 잘못된 것이다. 우리는 漢字교육이 바로 「국어교육의 지름길」이므로 국어교육의 一環으로 漢字교육을 實施하라는 것이다. 漢字는 二千年 以上이나 우리말을 적어오던 國字라는 것이다. 정, 國字라는 것이 못마땅하다면 准國字라 해도 좋다. 漢字語는 우리말이다. 따라서 우리말인 漢字語의 母胎가 되는 漢字교육 자체가 「국어교육」이라고 하는 우리의 論理는 지극히 당연한 것이다.

궁극에 가서는 모든 교과서를 國漢混用으로 하는 것이 理想的이다. 다만 해방 후 一時 국어교과서에만 漢字를 露出했을 뿐, 괄호 안에 漢字를 넣는 식 아니면, 七○년도版 같은 순 한글版 교과서를 사용해온 과거에 비추어 한동안의 過渡措置는 필요할는지 모른다. 漢字를 잘 모르는 敎師가 많은(?) 현실에 비추어 철저한 漢字의 再敎育이나 「루우비」를 단다든지 하는 방법을 취하는 등의 措置말이다. 모든 교과서를 國漢混用으로 하라는 것은 교육이란 反復에 의해 効果를 올릴 수 있기 때문이다.

문교부가 意圖하는 漢字教育의 目的이 「古典의 理解」에 있다면 週當 時間을 늘려야 할 것이다. 그런데 週當 二時間의 漢字教育이라 하던 것이 어느 틈에 一時間으로 둔갑을 한 것은 유감이다. 우리는 「古典의 理解」를 위한 漢字教育도 필요하지만 무엇보다 국어교육의 一環으로 국어교육 시간에 漢字가 露出된 교과서로 教育이 행해지기를 주장하는 것이다.

3

우리가 국민학교서부터 국어교육의 一環으로 漢字교육을 실시하라고 주장하는 이유를 좀더 敷衍해서 말해보기로 하겠다.

「국어」가 모든 教科의 根幹이 된다하여 지나친 말은 아닐 것이다. 교육이 국어로 행해지고, 모든 교과서가 국어로 되어 있기 때문이다. 그런데 그 국어의 太半이 漢字語요, 그 漢字語의 母胎가 漢字이므로 漢字교육이 바로 국어교육의 지름길이라는 論理가 成立되는 것이다.

혹 일부 人士 가운데는 義務教育인 국민학교에서, 앞으로 義務教育이 九년으로 연장이 되어 중학교까지가 의무교육으로 될 것을 예상한다면 중학교까지도, 漢字교육은 불필요하다고 주장하는 이도 있는 듯하다.

이 發想은 「漢字」는 중국글자다, 우리나라 글자가 아니다 라는 前提下에 하는 것이리라. 「漢字」가 중국사람에 의해 만들어진 것은 사실이다.(韓人所作이라는 주장을 하는 國史學者도 있기는 하다). 그러나 이 글자가 「한글」이 만들어지기까지에는 우리말을 적던 唯一의 文字였고 「한글」 創制 뒤에도 계속 併用되어 온 文字임을 再認識해야 된다.

李朝末葉의 小說이 한글專用으로 되어 있는 것이 사실이다. 그러나 과거의 經典이나 史記나 그 밖의 古典, 現代에 들어와서의 小說類를 제외한 거의 모든 書籍이 漢文이거나 國漢混用으로 되어 있는 것이다. 한글專用으로 되어 있다는 옛 小說도 한글로 되어 있을 뿐 漢字語 투성이다. 최근 수 년 동안 國譯해 낸 책들도 같은 상태다. 오늘날의 한글서적은 물론이요, 신문·잡지까지도 거의가 國漢混用이다. 모두가 漢字의 知識을 필요로 하는 것이다. 이런 현실인데 이런 현실을 外面하고 「내 글자」가 아니다라는 그릇된 名分論과 「어렵다」라는 口實을 내세워 의무교육에서 漢字敎育 不可를 들고 나서는 것은 잘못된 일이다.

義務敎育을 마치면 國語國字生活에 불편이 없어야 된다. 제 나라 신문이라도 읽어야 되며 제 父母兄弟, 恩師의 이름이라도 제대로 戶籍대로 쓸 줄 알아야 할 것이 아닌가?

中·高等學校를 졸업한 정도면 아버지 書齋에 꽂힌 책을 읽을 수 있어야 할 것이다. 그런데 漢字疏外의 교육을 받아온 오늘의 中·高等學生에게 그것을 기대하기는 어렵다. 이것이 숱한 愚民을 量産해 낸 결과다. 교육을 받은 人口는 해마다 늘어나는데 讀書人口가 늘어나지 않는 理由 중 主된 理由의 하나가 바로 이 漢字疏外의 교육에 있다고 나는 본다.

漢字가 「내나라 글자가 아니다」라 하지만 로마字 文化圈 內에서 로마字가 共通文字 구실을 하듯이 漢字文化圈 內에선 漢字가 共通文字 구실을 해온 것이다. 우리말에 漢字말이 많고 그 漢字말에는 中國産, 國産, 日産이 있지만 지금은 거의 그 구별을 할 수 없을 정도로 同化가 되어 쓰이고 있는 것이다.

李熙昇편 국어 대사전에 二三萬 語彙가 실려 있다 하는 바 그 太半이 漢字語일 것이므로 (한글학회편 큰사전 통계에 의하면 총 語彙의 五二%가 漢字語라는 것) 十數萬의 漢字語가 있다고 보아야 할 것이다. 그런데 漢字音은 「가 각 간 갈 감 강....」 등 四百九十音(東亞새字典 依據)뿐이다. 그러니까 四百九十音만으로 十數萬 單語가 이루어져 있는 셈이다. 또 文敎部 選定 常用漢字 一千三百 字의 相互結合으로 五萬四千四百二二 單語(東亞漢韓大辭典 依據)가 이루어져 있는데 그 漢字音은 三百七十三 音이다.

이와 같은 사실은 우리 漢字語에 숱한 同音異議語를 가지게 한 要因이 되는 것이다. 이렇게 해서 한글학회 중사전 九萬一千八百二十五 單語 中 그 約 1/4인 二萬二千九百八十三 單語가 同音異議語라는 현실인 것이다. 문제는 이러한 同音異議語에만 있는 것이 아니다.

「정립 정론 정종 정지 정원 정기 정감 정렬 정문 정벌 정맥 정의 정정 정서....」「장정 산정 충무정 퇴정 노정....」

과 같이, 同音異議語는 아니지만 역시 「정」字가 무슨 「정」字인지를 모르고는 그 말의 뜻을 알기 어려운, 말하자면 同音異議語的인 것이 또한 무수히 많다는 사실을 認識해야 된다.

「사관 사고 사기 사대 사도 사법 사정 사실 사감 의사 대사 고사 감사 치사 면사 상사 유사 사족 사학 사령 사색 사원 사인 사이비 사설 사립 사명 사택 사상 사금 사찰 사격 사제 사생 사례 사직 지사 역사 상사 조삼모사 봉은사 객사 근사 금성사 공사 관사 이사 토사 조사 직사 은사 생사 필사 다사 고사...」

와 같은 漢字語의 「사」가 각각 「士史司四寺死似社私使舍思事砂査射師絲寫謝辭」임을 알아야 그 뜻을 빨리 알아차릴 수 있고 그 발음도 옳게 할 수 있는 것이다. 같은 「사」音이라도 「士史四死似事謝」들이 語頭에 올 경우, 이들이 長母音으로 발음되는 것들이고 「司寺社私舍思砂査射師瀉辭」는 주로 短母音으로 발음되는 것들이다.

맞춤법도 그렇다. 「정열(情熱), 정렬(整列・貞熱)」「일노(一怒), 일로(一路・日露・一怒)」가 발음이 같은데 왜 맞춤법이 다르냐 하는 것은 漢字知識이 있는 이는 별 부담이 되지 않지만 한글專用의 교육을 받은 학생들에겐 부담이 된다는 것이다.

漢字를 배우기 어렵다고 하지만 漢字知識 없이 漢字말의 뜻을 個別的으로 記憶하고 그 발음의 長短이나 맞춤법을 個別的으로

記憶하는 부담이 더 크다는 사실을 깨달아야 할 것이다.

따라서 국민학교부터 漢字의 有緣性을 살려 교육하는 것이 効率的이라는 것이다. 국민학교에서 漢字疏外의 교육을 받은 中·高校 학생들이 교과서에 무수히 쏟아져 나오는 學術用語를 비롯한 漢字語를 제대로 이해하지 못하므로 선생들은 內容설명에 앞서 낱말풀이를 해야 하는 실정인 것이다.

한글 專用論者들은 한글만의 글로도 앞뒤 文脈으로 뜻을 알아차릴 수 있다고 우긴다. 그러나 그것은 漢字知識이 있는 사람의 얘기다. 漢字知識이 있는 사람은 한글만의 글이라도 시간은 좀 더 걸리지만 문장을 이해할 수 있다. 그러나 漢字知識이 없는 사람은 새로 부딪치는 漢字말의 뜻을 잘 모르게 마련인 것이다.

학교교육에선 漢字敎育을 철저히 하고 社會에서는 漢字를 制限해서 쓰고 略字나 代用字도 연구하는 것이 현명할 것이다. 要컨대 폐단이 없는 限 한글愛用을 하자는 계몽운동은 계속하는 것이 좋을 것이나 漢字敎育은 强化돼야 한다.

4

現行 맞춤법이 어렵다는 것은 衆論이다. 現行맞춤법이 表意化를 꾀해 二十八개의 받침을 쓰기로 하고 지나칠 정도로 語源을 밝히려 한 것은 한마디로 漢字의 흉내라 할 수 있다. 現行 맞춤법이 單語中心의 띄어쓰기를 규정한 것은 한마디로 英語의 흉내라 할 것이다.

나는 이 漢字의 흉내나 英語의 흉내에서 脫皮할 것을 주장한다.

우리 한글이 表音文字라 함은 하나의 常識이다. 따라서 表音文字의 本質로 되돌아가는 것이 원칙이라 생각한다.

오늘날의 맞춤법이 一千九百三十二년에 만들어졌는데 그 당시엔, 訓民正音을 制定하는데 참여한 學者들이 그 制定原理를 解

說해 놓은 訓民正音解例가 없었다. 이 解例本은 그 후 四十년에 慶北 安東에서 발견된 것이다.

이 解例本이 없었기 때문에 다만 訓民正音의

「終聲復用初聲」

이라는 終聲規定을 모든 初聲을 終聲으로 써야 할 것으로 해석하고 한편 龍飛御天歌에 나타나는

「곶, 높고, 좇ᄌᆞᄫᆞ니, 빛나시니이다. 닢, 깊고」

와 같은 「ㅈ, ㅍ, ㅊ」 받침의 實用例를 들어 二十八개 받침의 理論的 根據로 삼았던 것이다.

그리고 訓蒙字會凡例의 初聲終聲通用八字의 規定을 表記音義의 後退로 보아 ㄱㄴㄷㄹㅁㅂㅅㆁ의 八字만의 받침 사용을 한글의 正常的 發展의 沮害로 보았던 것이다.

그러나 사실상 初聲終聲通用八字의 規定은 崔世珍의 獨創이 아니었던 것이다. 그 근거는 바로 訓民正音解例終聲解에 있는 것이다. 「然 ㄱㆁㄷㄴㅂㅁㅅㄹ 八字可足用」의 기록이 그것이다. 그리하여 釋譜詳節 이후 文獻에서는 實用의 便宜를 勘案하였음인지 원칙적으로 八終聲을 實用했던 것이었다.

또 龍飛御天歌나 月印千江之曲 등에 「ㅈ,ㅊ,ㅌ,ㅍ」 등 받침이 쓰였다고 하나 이들 文獻에서도 ㅋ ㅎ ㄲ ㄵ ㄶ ㄾ ㅀ ㄺ ㅆ 등 받침은 전연 쓰인 일이 없는 것들이다. 이들은 한글학회의 前身인 朝鮮語學會에 의해 만들어졌을 뿐이다.

물론 현행 맞춤법이 表意化로 해서 視覺的으로 뜻을 빨리 알아차릴 수 있는 약간의 利點이 있는 것이 사실이다.

그러나 지나친 表意化로 해서

① 「實用文字數가 三千突破의 可能性이 있다.」 받침을 줄이면 한글의 기계화나 印刷文化 발달에 寄與할 것이다.

우리 글자가 二十四字라고 하지만 실제로는 初·中聲, 初·中·終聲을 하나로 묶어 「사」「람」과 같이 音節文字로서 實用되고 있는데 初聲 ㄱㄴㄷㄹㅁㅂㅅㅇㅈㅊㅋㅌㅍㅎㄲㄸㅃㅆㅉ의 十九, 中聲 ㅏㅑㅓㅕㅗㅛㅜㅠㅡㅣㅐㅒㅔㅖㅚㅟㅢㅘㅝㅙㅞ의 二十一, 終聲 k t p l m n ŋ(代表音)의 七만으로만 계산해도 十九×二十一×七로 二千七百九十三의 音節文字가 成立되는 것이다.

물론 이들 글자 中에서는 오늘날 實用되지 않는 것도 있다. 그러나 現行 받침 二十八개 즉 ㄱㄴㄷㄹㅁㅂㅅㅇㅈㅊㅋㅌㅍㅎ, ㄲ ㄳ ㅆ ㄶ ㄺ ㄻ ㄼ ㄽ ㄾ ㄿ ㅀ ㅁ ㅄ ㅆ을 계속 고집하고 한편 현행 맞춤법의 表意化 정신을 살려 方言까지를 적게 될 경우는 實用文字數는 三千突破의 可能性이 있다는 것이다.

ㅆ받침 하나만도 가만히 따져보면 九十개나 되고 「녺시(녹이), 겂시(怯이), 맥시(脈이), 싻시(싹이), 반튼(半은), 낭게(나무에), 부섥히(부엌이), 읎스니(없으니)」와 같은 方言까지를 현행 맞춤법 정신에 맞추어 적자면 모두 새 音節字 늘어나게 마련이요, 表音文字라 하면서 항상 流動的이게 마련이다.[3)]

필자는 表音文字의 本質과 表意性의 長點을 살리는 大前提下에 현행 맞춤법의 難澁性을 止揚하고 使用頻度 적은 받침을 除去하되 傳統性을 尊重하는 게 좋다는 判斷 아래 ㄱㄴㄷㄹㅁㅂㅅㅇㅈㅊㅌㅍ ㄺ ㄻ ㄼ의 十五받침 쓰기를 주장한다.

② 맞춤법을 옳게 외고 쓰는데 부담과 혼란이 따른다.

「바치다·받히다·받치다·밭이다·밭치다」나 「마추다·맞추다」「마치다·맞히다」「부딪히다·부딪치다」「걸음걸이」「싫증·실컷」「다치다·닫히다·닫치다」「아뭏든」「섣불리」「벼훑이」「있사오니·없사오니」와 같은 부담스러운 表記法은 맞춤법의 大衆化·實用化·近代化를 위해서는 止揚되었으면 하는 것이다.

이와 같은 일은 體言과 토는 구별해서 적고, 用言의 語幹과 子音語尾는 구별해 적는다는 大原則을 세워 十五받침만을 實用

---

3) 拙著, 現代國語國字의 諸問題, 一潮閣, 한글 맞춤법 問題, pp.24~60, 國語正書法案.

하면 가능한 일이다. 또한 지나친 語源을 밝히기로 言文一致의 表記가 沮害되어 言衆의 부담이 큰 것도 是正되어야 한다.

또 하나, 지나친 單語중심의 띄어쓰기는 得보다 失이 많다. 띄어쓰기의 趣旨는 읽기 쉽게, 뜻의 混同이 없으면 되는 것으로 足하다고 생각한다. 마치 띄어쓰기 위해 띄어 쓰는 듯한 印象을 받는 것이 現行 띄어쓰기다. 사실상 뜻의 混同이 없는 限 읽기 쉽게 띄어쓰면 될 것이다. 우리의 옛時調나 歌辭 또는 옛 小說이나 民謠들이 모두 三·四·四·四調이고 보면 이것이 우리나라 사람의 呼吸에 맞는 句節法이 아닌가 한다. 이 句節 중심의 띄어쓰기가 加味되는 방향으로 修正이 가해졌으면 한다.

5

해방 후의 國語國字政策이 일부 편협한 人士에 의해 主導되어 온 것이 사실이다. 이제 과거와 같은 偏見에 의한 國語國字政策이 행해져서는 안 되며 다시는 施行錯誤가 있어서는 안 되겠다. 이 國語國學問題의 科學的이고도 一元的인 연구를 위해 恒久的 권위있는 國立國語硏究所가 設立되어야 한다.

그리하여 다음과 같은 국어·국자 문제가 科學的으로 조사 연구되기를 바라는 것이다.

一. 漢字教育 및 常用漢字問題
二. 國語表記法問題
三. 標準語問題
四. 外來語表記問題
五. 學術用語問題
六. 學校文法教育問題
七. 古語方言蒐 集問題
八. 우리말開發問題
九. 國語淨化問題

一〇. 國語辭典編纂問題

이것은 國務總理諮問에 대한 學術院의 答申內容이기도 하다.

국어연구소가 設立되고 이러한 문제들이 權威學者들에 의해 科學的으로 조사 연구가 되고 政府는 그 연구결과를 尊重하여 국어국자 政策으로서 施行해 나가면 教育効果는 培增하고 우리 文化의 꽃은 피게 될 것이다.

〈『淑大學報』 제12집, 숙명여자대학교총학생회, 1972.〉

漢字學習의 利點

교과서나 신문 등에 나오는 漢字語의 공부는 漢字로 해야 그 理解가 빠르고 正確하며 오래 갈 것임을 認識하여 낱말 풀이를 할 때나 發音공부를 할 때에 漢字의 원 뜻(訓)이나 전통적인 발음에 따라야 한다.

첫째, 우리나라에선 祖上代代로 "하늘 天, 따 地"식으로 漢字를 가르쳐 온 傳統이 있다. 오늘날도 "사랑 愛, 나라 國, 노래 歌", "나라를 사랑하는 노래"가 "愛國歌라고 공부하면 그 뜻을 정확히 파악할 수 있다.

둘째, "나라 國, 말씀 語"식으로 공부하면 "구거"로 발음하면서 "국어"로 적는 까닭을 스스로 깨달을 수 있고, "홀로 獨, 설 立"식으로 공부하면 "동닙"으로 발음하면서 "독립"으로 적는 까닭도 쉽게 理解할 수 있다.

셋째, "聖人", "성인 성, 사람 인", "聖스러운 사람, 거룩한 孔子, 釋迦, 그리스도와 같은 분"이란 뜻이 쉽게 파악된다. 이 경우 "聖"字는 길게 발음되는 소리임을 공부하면 "聖人"과 "成人"의 뜻과 발음의 구별도 함께 하게 된다.

이렇게 어려서부터 漢字의 音·訓을 공부하여 그 뜻과 表記, 發音을 옳게 공부하는 것이 국어 공부의 正道인 것이다.

옛날의 우리 祖上들은 어린이들에게 千字文·類合·訓蒙字會 등에 의해 漢字敎育을 해왔으나 光復 후에는 한글 專用이라는 명분에 짓눌려 잊어버리고 만 것이다.

訓蒙字會에는 部門別로 各字마다 音과 訓을 달아놓은 方式을 취하고 있다.

"身體"부문에 "身 體 顔 面 頭 首 眼 目 齒 指 耳" 등이 실려 있다.

또 新增類合에도 訓蒙字會와 비슷이 部門別로 되어 있는데 한 例로 "地理"부문에는 "山 川 溪 峯 巖 樹 林 泉" 등이 실려 있다.

위 "身體・地理"부문의 예처럼 현대에도 漢字를 部門別 集團的으로 공부하는 것이 效果的이다.

다른 예로 字典을 活用하여 部首別로 공부하는 것도 좋은 방법이다.

雨(비 우) … 비와 관계가 있다. (雲・雪・霜・露・電)
力(힘 력) … 힘과 관계가 있다. (男・努・動・勤・務)

와 같이 공부하자는 것이다.

다음으로 訓이 반대(또는 相對)거나 비슷한 것들을 "大小 强弱 高低 長短 晝夜 明暗" 혹은 "敎訓 道路 永遠 衣服 正直" 등으로 공부한다. 漢字말 첫 音節에서 같은 漢字音이면서 長短 두 가지로 갈려 發音되는 例도 集團的으로 공부한다. 이때에 辭典이나 字典을 이용하도록 한다.

例
전…電(電氣 電力 電線)과 戰(戰力 戰線 戰船 戰後)의 長音과
전…前(前期 前歷 前線 前後)과 全(全力 全部 全身)이 短音

임도 공부하자.

그리고 本籍・現住所・學校 이름・自己 姓名・本貫・父母 이름 혹은 校訓・級訓이나 학교 안의 揭示物, 거리의 看板 등 周邊事項에서 漢字 공부를 해야겠다는 마음가짐이 필요하다. 편지

나 日記 쓰기에서 한자를 섞어 쓰는 것도 좋다. 또한 하루에 한字의 漢字를 정하여 그 漢字가 들어가는 말을 꼬리 달기 式으로 공부하는 것도 效果的이다.

例 … 生・生活・活動・動物・物理・理科…

이 경우, 漢字를 모르면 辭典을 이용해서 하도록 하는 것이 좋다.

한자는 오랜 세월 不完全하게나마 우리말을 적어 온 글자요, 한글이 없었던 時節에 너무도 많은 漢字語들이 생겨났고, 우리 文化가 漢字文化라 해도 좋을 정도로 우리 文化의 蓄積은 漢字로 이루어진 것이다. 무엇보다도 오늘날 국어의 70%가 漢字말이라는 엄연한 현실, 悠久한 漢字 사용의 역사(三國 이전부터 二千數百年 써옴), 固有한 漢字音, 1920년대의 "조선일보", "동아일보"의 두 신문이나 開化期의 모든 교과서도 國漢混用이었고 國産 漢字語가 많은 상황 등 어느 모로 보나 漢字를 國字로 보는 것이 타당한 것이다.

요즈음 젊은이들 중에는 漢字語를 中國語쯤으로 생각하는 이들이 꽤 있는 것이 아닌가 한다.

그러나 漢字語에는 中國産, 韓國産, 日本産이 있는 바 漢字 傳來 이래 近世語까지에는 中國産, 國産 漢字語가 주류를 이루었으나, 특히 19세기 후반기에 이르러 日本産 漢字語의 流入으로 文化用語, 學術用語 대부분이 日本産인데, 이들은 거의 그대로 中國이나 韓國에서도 통용되는 것이다.

學校, 文學, 哲學, 科學, 代表, 標準, 保險, 保證, 電話, 映畵, 冷藏庫 등이 日産인데 이들은 그대로 한국은 물론이요, 中國에서도 쓰이고 있는 것들이다. 다만 그 발음이 다를 뿐이다. 이들은 우리 발음으로 하면 국어가 되는 것이요, 漢字로 쓰면 韓・中・日이 같은 뜻으로 이해하는 것이다. 그러므로 한자는 우리말을 적는 國字인 동시에 漢字文化圈에서 통용되는 共用文字인 것이다. 世界化 시대, 亞太시대에 中·日語의 基礎도 되는 漢字이기도 하다.

생각해 보면 한글과 漢字에는 각각 長短點이 있다.

한글은 우수한 表音文字로 현재 쓰는 한글 字母만으로 初聲 19(ㄱㄴㄷㄹㅁㅂㅅㅇㅈㅊㅋㅌㅍㅎㄲㄸㅃㅆㅉ), 中聲 21(ㅏㅑㅓㅕㅗㅛㅜㅠㅣㅐㅒㅔㅖㅚㅟㅢㅘㅝㅙㅞ), 終聲 7(받침 代表音 ㄴㄷㄹㅁㅂㅇ)로 19×21×7=2,793 音節字가 이루어지고 거의 무슨 소리든지 적을 수 있어 순 우리말은 물론 漢字語, 外來語를 적는데 불편이 없다.

한편 漢字는 時間과 空間을 초월한 文字로 그 視覺性, 造語力, 縮約力 등이 한글에 비해 월등하다.

時間과 空間을 초월한 文字라 함은 가령 父母兄弟 山川草木이란 말은 옛날이나 지금이나 뜻이 같고 韓中日 南東亞 등 어디에서건 漢字의 正字로 써 놓으면 같은 뜻으로 통용된다는 것이다.

視覺性이라 함은 '수수'를 '줄 授 받을 受'로 '주고받음', '매매'를 '팔 賣 살 買'로 적어야 '팔고 삼, 사고 팖'이란 뜻을 눈으로 빨리 알아차릴 수 있다는 뜻이다.

造語力이라 함은 말 만드는 힘을 말하는데 中學校 漢文敎育用 基礎漢字 900字가 앞뒤에 놓여 이루어진 말 總數가 72,229라는 사전 통계가 있다. 그 사전에는 '大'는 823單語, '不'은 633單語, '無'는 584單語, '自'는 423單語가 실려 있다. 이렇게 漢字의 造語力은 엄청나게 큰 것이다.

縮約力이라 함은 옛 文獻에 따르면 "아우누이남진(←아ᅀᆞ누의남진), 아비동생누이(←아븨동ᄉᆡᆼ누의), 여름지을아비(←녀름지ᅀᅳᆯ아비)"가 나온다. 이들을 우리 조상들은 妹夫, 姑母, 農夫로 바꿔 쓴 것이다.

우리말에도 얼마간의 준말(略語)이 있기는 하나, 한 字 한 字에 뜻이 있고 漢字를 이용해서 간결하고도 정확하게 말을 줄여 쓸 수 있는 漢字의 縮約力을 당할 수는 없다. "대학에 들어가는 시험"을 "大入試"로 "고려대학교 아세아 문제 연구소"를 "高大亞研"으로 줄여도 뜻이 통하는 것이다.

다만 數十萬이나 되는 漢字語를 4백90개쯤의 우리 한자음으로 한글로 적자니까 同音異義語 등이 너무 많아 識別이 어려운 것이 흠이다.

그래서 漢字混用을 하자는 것이요, "漢字를 배웁시다"라고 여러분에게 권하는 것이다. 한글과 漢字의 混用은 실로 하늘이 우리에게 준 福이요 漢字混用, 아니 한글과 漢字混用 즉 한漢混用이야 말로 漢字만 쓰는 中國이나 가나漢字混用의 일본의 경우에 비해 가장 理想的인 文字混用을 할 수 있는 與件임을 자랑으로 생각해야 한다.

世宗이 만든 訓民正音은 우리 文化史上 燦然히 빛날 업적이요, 한글로 만들어지기 前 漢字만을 빌어 우리말을 적던 不便은 덜어졌으므로 여간 고마운 것이 아니다.

"한글과 漢字는 두 날개다"라는 새 口號는 眞理다.

〈『語文學論叢』, 淸凡 陳泰夏 敎授 啓七頌壽紀念 論叢刊行委員會, 태학사, 1997.〉

語文敎育 二題

1. 北韓敎育用 漢字 3千字

北韓은 광복 후 한글전용교육으로 일관해 오다가 1968년 이후 중학교 1학년(우리의 국민학교 5학년)부터 漢字敎育을 해 왔고 現在는 人民學校 4년은 한글전용교육, 高等中學校 6년(우리의 국민학교 5학년에서 고등학교 1학년)과 大學에서는 國漢文混用讀本에 의한 3,000字의 漢文敎育이 행해지고 있다 한다.(『北韓』誌 1987. 7월호, 東京都立大 강사 許東粲씨의 글)

北韓漢字敎育資料

현재 중학교(필자 註. 우리 國 5~中 2)에서 교육하고 있는 한자 1,500字

(1968년~1969년에 출판된 중학교 한문교과서 4종에 수록된 한자)

〔ㄱ음〕

價 加 可 家 暇 歌 苛 街 刻 却 各 覺 角 閣 刊 墾 奸 干 幹
懇 看 簡 肝 艱 間 渴 感 憾 敢 減 監 甲 剛 康 强 江 疆 綱 講
鋼 降 去 居 巨 拒 據 擧 距 件 鍵 巾 建 虔 乞 傑 儉 劍 檢 怯
擊 格 激 鬲 堅 見 遣 決 潔 缺 兼 謙 京 傾 勁 境 慶 敬 景 更

經 耕 警 輕 頃 驚 古 告 固 孤 庫 拷 故 考 膏 苦 雇 顧 高 鼓
曲 穀 谷 困 骨 供 公 共 功 工 恐 攻 空 鞏 交 敎 校 橋 狡 絞
較 久 九 俱 具 區 口 句 拘 救 構 求 狗 球 究 臼 舊 韭 驅 國
局 君 群 軍 郡 屈 掘 宮 弓 窮 糾 規 均 克 劇 極 勤 斤 根 近
今 琴 禁 禽 金 及 急 級 給 矜 肯 企 其 器 基 奇 寄 己 技 旗
旣 期 機 欺 氣 汽 紀 記 起 饑 騎 緊 吉 個 凱 愾 改 槪 漑 開
客 係 契 季 戒 械 溪 界 系 繫 繼 計 階 傀 貴 鬼 戈 果 瓜 科
誇 課 過 官 慣 灌 管 觀 貫 關 舘 光 狂 礦 鑛 勸 卷 捲 權 軌

〔ㄴ음〕

難 捏 南 男 納 女 年 念 努 奴 怒 農 能 內 耐 惱

〔ㄷ음〕

多 丹 但 單 團 壇 斷 段 短 端 鍛 達 擔 淡 澹 膽 談 畓 答
踏 唐 堂 當 糖 黨 德 倒 刀 到 圖 導 屠 島 度 徒 挑 渡 濤 盜
逃 道 都 鍍 毒 獨 督 讀 突 凍 動 同 東 洞 童 銅 斗 豆 頭 屯
得 燈 登 等 代 大 對 帶 待 臺 隊

〔ㄹ음〕

羅 樂 絡 落 亂 爛 辣 濫 覽 浪 略 兩 凉 糧 良 量 勵 慮 旅
麗 力 歷 練 聯 連 鍊 列 烈 裂 令 嶺 領 勞 撈 爐 老 路 鹵 綠
錄 鹿 論 了 料 療 龍 壘 流 留 類 六 陸 倫 輪 律 隆 利 理 里
離 林 臨 立 來 冷 例 禮 儡 耒

〔ㅁ음〕

馬 幕 漠 莫 挽 滿 漫 瞞 萬 蠻 末 亡 忙 望 網 芒 免 勉 棉
眠 綿 面 滅 蔑 名 命 明 皿 銘 侮 冒 帽 慕 摸 模 母 毛 矛 糢
貌 木 牧 目 睦 沒 描 務 武 毋 無 舞 茂 貿 默 問 文 聞 門 勿
物 未 米 美 敏 民 黽 密 埋 媒 寐 每 買 賣 邁 脈 猛 盟 盲

[ㅂ음]

剝 搏 朴 縛 迫 雹 半 反 叛 搬 斑 畔 盤 般 拔 潑 發 髮 傍
妨 幇 彷 放 方 紡 訪 防 番 繁 伐 罰 閥 凡 帆 氾 汎 犯 範 法
僻 壁 闢 變 辯 邊 別 兵 病 並 保 報 堡 寶 普 步 補 伏 卜 復
服 福 腹 複 本 封 峯 烽 縫 逢 鋒 付 副 否 夫 婦 富 府 扶 浮
父 腐 負 賦 部 阜 附 北 分 噴 奮 憤 粉 雰 不 佛 備 匕 悲 比
碑 秘 肥 費 非 飛 貧 倍 排 背 輩 配 白 百 魄

[ㅅ음]

事 些 使 史 司 四 士 奢 寫 射 師 思 斜 查 死 沙 砂 社 絲
舍 謝 山 散 產 算 酸 殺 三 森 上 傷 像 商 尙 常 想 狀 相 詳
象 賞 霜 序 恕 敍 書 緖 署 西 誓 逝 黍 鼠 夕 席 析 石 釋 仙
先 善 宣 旋 煽 線 船 選 銑 鮮 舌 設 說 雪 殲 纖 涉 城 姓 性
成 星 盛 聲 誠 醒 召 小 少 所 掃 消 素 蔬 蘇 騷 俗 屬 束 續
速 孫 損 遜 率 松 送 修 受 垂 壽 守 帥 手 授 收 數 樹 殊 水
獸 秀 羞 遂 需 首 宿 熟 肅 巡 盾 瞬 純 順 術 述 崇 習 襲 乘
勝 承 昇 始 尸 市 施 是 時 矢 示 視 試 詩 式 息 植 殖 識 食
伸 信 呻 新 神 臣 身 辛 迅 失 室 實 審 心 深 甚 十 塞 色 牲
生 世 勢 歲 洗 稅 細 衰 碎

[ㅈ음]

仔 姊 子 字 慈 者 自 資 作 昨 炸 殘 暫 雜 丈 場 壯 奬 將
帳 張 掌 章 臟 葬 藏 裝 長 障 低 底 抵 著 寂 敵 的 積 笛 籍
績 賊 赤 跡 蹟 迹 適 傳 全 典 前 專 展 戰 殿 田 轉 錢 電 切
折 節 絶 占 店 漸 點 接 丁 偵 停 定 庭 征 情 政 整 正 淨 町
程 精 鄭 靜 頂 助 操 早 朝 條 潮 燥 爪 祖 組 調 造 遭 鳥 族
足 存 尊 卒 宗 從 種 終 綜 縱 主 住 做 周 州 晝 朱 柱 注 洲
舟 走 週 駐 竹 峻 準 准 遵 中 衆 重 卽 增 憎 證 之 只 咫 地
志 持 指 支 旨 智 止 池 知 紙 脂 至 誌 遲 直 稷 織 職 振 盡
眞 診 辰 進 陣 陳 震 疾 秩 質 執 輯 集 再 在 才 材 栽 災 裁

財 載 爭 制 堤 帝 弟 提 濟 第 製 諸 除 際 題 齊 罪 座 左

[ㅊ음]

且 差 次 車 搾 着 燦 讚 察 參 慘 倉 創 唱 彰 暢 槍 窓 蒼 妻 處 尺 戚 拓 斥 千 天 川 泉 淺 賤 踐 哲 徹 撤 鐵 尖 諜 淸 聽 請 初 哨 楚 焦 礎 秒 肖 草 超 隹 促 觸 寸 村 總 聰 銃 推 秋 追 畜 祝 築 縮 蓄 逐 春 出 充 忠 蟲 衝 衷 側 測 層 侈 値 幟 恥 治 熾 稚 致 齒 則 親 七 侵 沈 針 稱 彩 採 菜 采 冊 策 責 滯 逮 體 最 取 就 趣

[ㅋ음]

快

[ㅌ음]

他 妥 打 卓 托 託 彈 歎 炭 誕 奪 脫 探 塔 蕩 土 討 痛 統 通 套 投 透 鬪 特 太 態 泰 宅 擇 退

[ㅍ음]

把 播 波 派 破 判 板 版 八 便 偏 扁 片 編 鞭 平 評 包 圃 布 怖 捕 浦 砲 胞 幅 暴 爆 標 票 表 品 豐 風 疲 皮 被 必 疋 筆 敗 貝 幣 廢 蔽 閉

[ㅎ음]

下 夏 河 賀 學 虐 寒 恨 漢 限 割 含 咸 艦 陷 合 恒 抗 航 項 享 向 鄕 響 香 墟 虛 許 憲 獻 險 驗 革 現 玄 縣 賢 顯 穴 血 頁 協 脅 兄 刑 型 形 衡 乎 互 呼 壕 好 戶 虎 號 護 或 酷 魂 洪 紅 孝 效 爻 候 後 勳 訓 携 凶 胸 黑 欠 欽 吸 興 害 海 解 該 核 幸 行 惠 慧 回 廻 悔 懷 會 劃 獲 揮 輝 喜 希 戲 犧 化 和 火 畵 禍 禾 花 話 貨 靴 擴 確 穫 丸 換 歡 環 還 活 猾 徨 恍 況 煌 荒 遑 黃

〔ㅆ음〕

雙 氏 雙(讐)

〔ㅇ음〕

亞 兒 我 牙 雅 餓 岳 惡 握 安 岸 案 眼 岩 暗 壓 鴨 央 昻 冶 夜 野 弱 約 若 藥 躍 龠 壤 揚 樣 洋 羊 陽 養 語 魚 億 憶 抑 言 嚴 業 如 與 餘 亦 域 役 易 逆 驛 延 沿 淵 演 然 煙 燃 硏 緣 軟 鉛 熱 閱 焰 鹽 葉 影 映 榮 永 營 英 迎 五 伍 午 奧 寤 悟 屋 沃 獄 玉 溫 擁 甕 搖 撓 擾 曜 要 謠 饒 慾 辱 傭 勇 容 用 踊 鎔 于 優 又 友 右 憂 牛 羽 遇 郵 雨 運 雲 乳 儒 唯 幼 悠 惟 愉 有 油 由 維 裕 遊 遺 酉 肉 育 融 恩 銀 吟 陰 音 邑 應 二 以 異 移 而 耳 益 人 仁 印 因 引 忍 認 一 日 溢 任 賃 入 哀 愛 碍 隘 額 曳 譽 豫 銳 隷 外 位 偉 僞 危 圍 委 威 慰 爲 衛 謂 違 韋 依 意 毅 疑 義 衣 議 完 頑 往 王 元 原 員 園 圓 怨 援 源 遠 院 願 月 越 倭(총 1,500자)

3,000字 音訓索引

〔ㄱ〕

伽 가야 가
佳 아름다울 가
假 거짓 가
價 값 가
加 더할 가
可 옳을 가
呵 꾸짖을 가
哥 형 가
嫁 시집갈 가
家 집 가
暇 겨를 가
架 시렁 가
歌 노래 가
稼 심을 가
苛 까다로울 가
街 거리 가
駕 멍에 가
刻 새길 각
却 물리칠 각
各 각각 각
恪 정성 각
殼 껍질 각
脚 다리 각
覺 깨달을 각
角 뿔 각
閣 집 각
刊 새길 간
墾 개간할 간

奸 간악할 간
干 방패 간
幹 줄기 간
懇 정성 간
揀 가릴 간
杆 지레대 간
桿 막대 간
看 볼 간
簡 대쪽 간
肝 간 간
艱 어려울 간
間 사이 간
喝 꾸짖을 갈
渴 목마를 갈
竭 다할 갈
葛 칡 갈
褐 굵은베 갈
堪 견딜 감
感 느낄 감
憾 한할 감
撼 흔들 감
敢 구태여 감
橄 감람나무 감
減 덜 감
甘 달 감
監 볼 감
瞰 굽어볼 감
鑑 거울 감
匣 갑 갑
岬 산허리 갑
甲 갑옷 갑
胛 어깨죽지 갑
剛 굳셀 강
姜 성 강
崗 뫼 강
康 편안할 강
强 강할 강
慷 슬플 강
江 강 강
疆 지경 강
糠 겨 강
綱 벼리 강
腔 속빌 강
薑 생강 강
襁 보자기 강
講 익힐 강
鋼 강쇠 강
降 내릴 강(항복할 항)
倨 거만할 거
去 갈 거
居 살 거
巨 클 거
拒 막을 거
據 의거할 거
擧 들 거
距 사이뜰 거
醵 추렴 거
乾 마를 건
件 가지 건
健 건장할 건
巾 수건 건
建 세울 건
虔 공경할 건
鍵 잠을쇠 건
乞 빌 걸
傑 뛰어날 걸
儉 검박할 검
劍 칼 검
檢 살필 검
劫 겁탈할 겁
怯 겁낼 겁
擊 칠 격
格 격식 격
檄 격문 격
激 격동할 격
鬲 가마 격
膈 가슴 격
隔 막힐 격
骼 뼈 격
堅 굳을 견
牽 끌 견
犬 개 견
絹 비단 견
繭 고치 견
肩 어깨 견
見 볼 견
譴 꾸짖을 견
遣 보낼 견
鵑 소쩍새 견
決 결단할 결

潔 맑을 결
結 맺을 결
缺 이지러질 결
訣 영결할 결
兼 겸할 겸
箝 자갈먹일 겸
謙 겸손할 겸
京 서울 경
傾 기우러질 경
勁 굳셀 경
境 지경 경
徑 지름길 경
慶 경사 경
憬 그리워할 경
敬 공경할 경
景 볕 경
更 고칠 경(다시 갱)
梗 곧을 경
涇 통할 경
痙 경련 경
硬 굳을 경
竟 마침내 경
競 다툴 경
經 날 경
耕 밭갈 경
莖 줄기 경
警 깨우칠 경
輕 가벼울 경
鏡 거울 경
頃 이랑 경

驚 놀랄 경
鯨 고래 경
黥 경칠 경
古 예 고
告 고할 고
呱 울 고
固 굳을 고
姑 시어머니 고
孤 외로울 고
庫 창고 고
拷 칠 고
故 연고 고
敲 두드릴 고
枯 마를 고
痼 고질 고
稿 글 고
考 생각할 고
膏 기름 고
苦 쓸 고
藁 짚 고
辜 허물 고
錮 자물쇠 고
雇 품팔 고
顧 돌아볼 고
高 높을 고
鼓 북 고
哭 울 곡
曲 굽을 곡
梏 수갑 곡
穀 곡식 곡

谷 골 곡
鵠 따오기 곡
困 곤할 곤
昆 맏 곤
棍 몽둥이 곤
汨 빠질 골
骨 뼈 골
供 이바지할 공
公 공평할 공
共 함께 공
功 공 공
孔 구멍 공
工 장인 공
恐 두려울 공
恭 공손할 공
控 당길 공
攻 칠 공
槓 지레대 공
空 빌 공
貢 바칠 공
鞏 굳을 공
交 사귈 교
僑 붙어살 교
喬 높을 교
嬌 아릿다울 교
巧 공교로울 교
攪 흔들 교
敎 가르칠 교
校 학교 교
橋 다리 교

狡 교활할 교
皎 흴 교
矯 바로잡을 교
絞 목맬 교
膠 갖풀 교
蕎 메밀 교
蛟 교룡 교
較 견줄 교
郊 들 교
驕 교만할 교
丘 언덕 구
久 오랠 구
九 아홉 구
仇 원수 구
佝 곱사등이 구
俱 함께 구
具 갖출 구
區 갈피 구
口 입 구
句 글귀 구
勾 굽을 구
嘔 게울 구
寇 도적 구
嶇 험할 구
廐 마구 구
懼 두려울 구
拘 꺼리낄 구
救 구원할 구
柩 널 구
構 얽을 구

歐 구라파 구
毆 칠 구
求 구할 구
溝 도랑 구
灸 뜸 구
狗 개 구
球 공 구
玖 옥돌 구(아홉 구)
矩 법 구
究 연구할 구
臼 확 구
舊 예 구
苟 진실로 구
謳 노래 구
購 살 구
軀 몸 구
邱 언덕 구
韭 달래 구
駒 몰 구
鳩 비둘기 구
鷗 갈매기 구
龜 거북 구(터질 균, 본보기 귀)
國 나라 국
局 판 국
菊 국화 국
君 임금 군
窘 구차할 군
群 무리 군
軍 군사 군

郡 고을 군
屈 굽힐 굴
掘 팔 굴
窟 굴 굴
宮 집 궁
弓 활 궁
穹 하늘 궁
窮 궁할 궁
叫 부르짖을 규
圭 모서리 규
珪 구슬 규
糾 얽을 규
規 법 규
均 고를 균
菌 버섯 균
橘 귤 귤
克 이길 극
剋 상극 극
劇 심할 극
戟 창 극
棘 가시 극
極 다할 극
隙 틈 극
僅 겨우 근
勤 부지런할 근
慇 은근할 근
斤 날 근
根 뿌리 근
筋 힘줄 근
謹 삼가할 근

近 가까울 근
饉 주릴 근
今 이제 금
琴 거문고 금
禁 금할 금
禽 새 금
衾 이불 금
襟 옷깃 금
金 쇠 금(성 김)
錦 비단 금
及 미칠 급
急 급할 급
扱 거둘 급
汲 물길을 급
級 등급 급
給 줄 급
兢 조심할 긍
矜 자랑 긍
肯 즐길 긍
企 바랄 기
伎 재간 기
其 그 기
嗜 즐길 기
器 그릇 기
基 터 기
奇 기이할 기
妓 기생 기
寄 부칠 기
岐 갈림길 기
崎 험할 기

己 몸 기
幾 몇 기
忌 꺼릴 기
技 재주 기
旗 깃발 기
旣 이미 기
期 기약할 기
杞 구기자 기
棄 버릴 기
棊 바둑 기
機 틀 기
欺 속일 기
氣 기운 기
汽 김 기
畸 뙈기밭 기
畿 경기 기
紀 벼리 기
羈 굴레 기
肌 살 기
記 기록할 기
譏 조롱할 기
起 일어날 기
飢 주릴 기
騎 말탈 기
麒 기린 기
緊 요긴할 긴
吉 좋을 길
介 낄 개
价 클 개
個 개인 개

凱 이기고돌아올 개
愾 성낼 개
慨 슬플 개
改 고칠 개
槪 대개 개
漑 물댈 개
皆 다 개
箇 낱 개
芥 겨자 개
蓋 덮을 개
開 열 개
客 손님 객
坑 구덩이 갱
揭 들 게
憩 쉴 게
係 맺을 계
啓 열 계
契 합할 계
季 계절 계
屆 이를 계
戒 경계할 계
桂 계수나무 계
械 틀 계
溪 시내 계
界 지경 계
稽 생각할 계
系 이어맬 계
繫 맬 계
繼 이을 계
計 헤아릴 계

誡 훈계할 계
階 섬돌 계
鷄 닭 계
乖 어그러질 괴
傀 허수아비 괴
塊 덩이 괴
壞 무너질 괴
怪 괴이할 괴
愧 부끄러울 괴
槐 괴화나무 괴
魁 우두머리 괴
宏 클 굉
歸 돌아올 귀
貴 귀할 귀
鬼 귀신 귀
寡 적을 과
戈 창 과
果 과실 과
棵 그루 과
瓜 외 과
科 과목 과
菓 과자 과
誇 자랑 과
課 일과 과
過 지날 과
廓 둘레 곽
郭 성 곽
冠 갓 관
官 벼슬 관
寬 너그러울 관

慣 익숙할 관
棺 널 관
款 정성 관
灌 물댈 관
管 관 관
罐 가마 관
觀 볼 관
貫 꿸 관
關 닫을 관
舘 집 관
刮 긁을 괄
恝 괄시할 괄
括 거둘 괄
光 빛 광
廣 넓을 광
曠 빌 광
狂 미칠 광
磺 돌 광
胱 오줌통 광
鑛 쇠돌 광
倦 게으를 권
券 문서 권
勸 권할 권
卷 책 권
圈 동그라미 권
拳 주먹 권
捲 말 권
權 권세 권
眷 돌아볼 권
蹶 뛸 궐

闕 집 궐
掛 걸 궤
櫃 궤 궤
潰 무너질 궤
詭 속일 궤
軌 수레바퀴 궤

〔ㄴ〕

懦 나약할 나
拿 잡을 나
那 어찌 나
暖 따뜻할 난
煖 더울 난
難 어려울 난
捏 꾸밀 날
捺 누를 날
南 남녘 남
娚 처남 남
男 남자 남
納 드릴 납
囊 주머니 낭
女 녀자 녀
年 해 년
念 생각 념
嚀 정녕 녕
寧 편안할 녕
努 힘쓸 노
奴 종 노
怒 성낼 노

駑 둔할 노
濃 짙을 농
膿 고름 농
農 농사 농
尿 오줌 뇨
紐 맺을 뉴
能 능할 능
泥 진흙 니
匿 숨길 닉
溺 빠질 닉
乃 이에 내
內 안 내
奈 어찌 내(나)
奶 젖 내
耐 견딜 내
惱 번뇌할 뇌
腦 뇌수 뇌

〔ㄷ〕

多 많을 다
茶 차 다
丹 붉을 단
但 다만 단
單 홑 단
團 둥글 단
壇 단 단
斷 끊을 단
旦 아침 단
段 쪼각 단

短 짧을 단
端 끝 단
緞 비단 단
蛋 새알 단
鍛 쇠불릴 단
撻 매칠 달
獺 수달 달
達 사무칠 달
憺 창담할 담
擔 멜 담
淡 맑을 담
潭 못 담
澹 고요할 담
膽 쓸개 담
談 말씀 담
沓 답답할 답
畓 논 답
答 대답 답
踏 밟을 답
唐 당황할 당
堂 집 당
撞 칠 당
棠 아가위 당
當 마땅할 당
糖 엿 당(탕)
黨 무리 당
德 덕 덕
倒 꺼꾸러질 도
刀 칼 도
到 이를 도

圖 그림 도
堵 담 도
塗 바를 도
導 이끌 도
屠 무찌를 도
島 섬 도
度 법 도
徒 무리 도
悼 슬플 도
挑 돋을 도
桃 복숭아 도
淘 쌀일 도
渡 건널 도
滔 흐를 도
濤 물결 도
盜 도적 도
稻 벼 도
萄 포도 도
賭 내기할 도
蹈 밟을 도
逃 도망할 도
途 길 도
道 길 도
都 도시 도
鍍 도금할 도
陶 질그릇 도
毒 독할 독
瀆 더럽힐 독
獨 홀로 독
督 독촉할 독

禿 밀 독
篤 두터울 독
纛 둑 독
讀 읽을 독
敦 두터울 돈
沌 흐릴 돈
豚 돼지 돈
頓 두드릴 돈
堗 구들 돌
突 갑자기 돌
冬 겨울 동
凍 얼 동
動 움직일 동
同 한가지 동
垌 둑 동
憧 그리워할 동
東 동녘 동
桐 오동나무 동
棟 마루 동
洞 골 동
潼 물 동
疼 아플 동
瞳 눈동자 동
童 아이 동
胴 몸뚱이 동
董 감독할 동
銅 구리 동
斗 말 두
杜 막을 두
痘 종두 두
豆 콩 두
頭 머리 두
屯 둔칠 둔
鈍 둔할 둔
得 얻을 득
橙 귤 등
燈 등불 등
登 오를 등
等 무리 등
藤 등나무 등
謄 베낄 등
鐙 말등자 등
騰 날 등
代 대신 대
垈 터 대
大 큰 대
對 대할 대
帶 띠 대
待 기다릴 대
戴 일 대
擡 들 대
臺 집 대
袋 자루 대
貸 꿜 대
隊 대 대

[ㄹ]

懶 게으를 라
羅 벌릴 라
螺 소라 라
裸 벗을 라
樂 즐거울 락(노래 악)
洛 강이름 락
烙 지질 락
絡 얽을 락
落 떨어질 락
諾 허락할 락(승낙할 낙)
駱 약대 락
亂 어지러울 란
卵 알 란
欄 란간 란
欒 단란할 란
瀾 물결 란
爛 무르익을 란
蘭 란초 란
剌 발랄할 랄
辣 매울 랄
欖 감람나무 람
濫 넘칠 람
籃 대바구니 람
藍 쪽 람
襤 람루할 람
覽 볼 람
拉 꺾을 랍
廊 행랑 랑
郎 밝을 랑
浪 물결 랑
狼 이리 랑

瑯 구슬 랑
郞 사내 랑
掠 로략질할 략
略 간략할 략
倆 재간 량
兩 두 량
凉 서늘할 량
喨 맑은소리 량
梁 돌다리 량
樑 들보 량
粱 기장 량
糧 량식 량
良 어질 량
諒 믿어울 량
輛 수레 량
量 헤아릴 량
侶 짝 려
勵 힘쓸 려
呂 법 려
慮 생각할 려
戾 어그러질 려
旅 나그네 려
濾 거를 려
驪 검은말 려
麗 고울 려
黎 검을 려
力 힘 력
曆 력세 력
歷 지날 력
瀝 거를 력
靂 벼락 력
憐 불쌍할 련
戀 생각 련
攣 맬 련
漣 고운물결 련
煉 졸일 련
練 익힐 련
聯 잇닿을 련
蓮 련꽃 련
連 이을 련
鍊 쇠불릴 련
鰱 련어 련
列 벌릴 렬
劣 용렬할 렬
烈 매울 렬
裂 찢을 렬
廉 청렴할 렴
斂 거둘 렴
獵 사냥 렵
令 하여금 령
囹 옥 령
嶺 고개 령
怜 령리할 령
玲 옥소리 령
鈴 방울 령
零 떨어질 령
靈 뛰어날 령(신령 령)
領 거느릴 령
齡 나이 령
勞 수고할 로
撈 건질 로
擄 로략질할 로
爐 화로 로
盧 성 로
老 늙을 로
虜 사로잡을 로
路 길 로
露 이슬 로
魯 둔할 로
鷺 해오라기 로
鹵 짤 로
碌 록록할 록
綠 푸를 록
錄 기록할 록
鹿 사슴 록
麓 산기슭 록
論 의논할 론
壟 밭두둑 롱
弄 희롱 롱
朧 몽롱할 롱
瓏 옥소리 롱
籠 대바구니 롱
聾 귀먹을 롱
了 마칠 료
僚 동료 료
料 헤아릴 료
燎 불놓을 료
療 병고칠 료
瞭 밝을 료
聊 애오라지 료

遼 멀 료
龍 룡 룡
僂 곱사등이 루
壘 보루 루
屢 자주 루
樓 다락 루
淚 눈물 루
漏 샐 루
累 여러 루
縷 실오리 루
褸 람루할 루
陋 더러울 루
劉 죽일 류
嚠 맑은소리 류
柳 버들 류
榴 석류 류
流 흐를 류
溜 처마물 류
琉 유리 류
留 머무를 류
硫 류황 류
類 같을 류
六 여섯 륙
戮 죽일 륙
陸 뭍 륙
倫 인륜 륜
淪 빠질 륜
綸 끈 륜
輪 바퀴 륜
律 법 률

慄 떨 률
栗 밤 률
窿 하늘 륭
隆 높을 륭
肋 갈비 륵
轢 깔릴 륵
凜 찰 름
凌 업신여길 릉
稜 모서리 릉
綾 비단 릉
菱 마름 릉
陵 언덕 릉
俚 속될 리
利 리로울 리
吏 아전 리
履 밟을 리
悧 령리할 리
李 오얏 리
梨 배 리
理 다스릴 리
痢 리질 리
籬 울타리 리
罹 걸릴 리
裏 속 리
里 마을 리
離 떠날 리
吝 아낄 린
燐 린 린
躪 밟을 린
鄰 이웃 린

鱗 비늘 린
麟 기린 린
林 수풀 림
淋 젖을 림
臨 다다를 림
立 설 립
笠 삿갓 립
粒 낟알 립
來 올 래
冷 찰 랭
例 견줄 례
禮 례절 례
醴 단술 례
儡 허수아비 뢰
賂 뢰물 뢰
耒 따비 뢰
賴 힘입을 뢰
雷 우뢰 레

〔ㅁ〕

摩 만질 마
痲 저릴 마
磨 갈 마
馬 말 마
魔 악마 마
麻 삼 마
寞 고요할 막
幕 장막 막
漠 아득할 막

膜 막 막
莫 말 막
娩 낳을 만
慢 거만할 만
挽 당길 만
晩 늦을 만
滿 찰 만
漫 넓을 만
灣 말굽이 만
瞞 속일 만
萬 일만 만
蔓 덩굴 만
蠻 오랑캐 만
饅 만두 만
抹 씻을 말
末 끝 말
沫 거품 말
襪 버선 말
亡 망할 망
妄 망녕될 망
忘 잊을 망
忙 바쁠 망
惘 멍청할 망
望 바랄 망
網 그물 망
罔 없을 망
芒 까끄라기 망
茫 아득할 망
免 면할 면
勉 힘쓸 면
棉 목화 면
眠 졸 면
綿 솜 면
緬 멀 면
面 낯 면
麵 국수 면
滅 꺼질 멸
蔑 업신여길 멸
冥 어두울 명
名 이름 명
命 목숨 명
明 밝을 명
皿 그릇 명
銘 새길 명
鳴 울 명
侮 업신여길 모
冒 무릅쓸 모
募 부를 모
姆 보모 모
帽 모자 모
慕 생각할 모
摸 본뜰 모
暮 저물 모
某 아무 모
模 본보기 모
母 어머니 모
毛 털 모
牟 보리 모
牡 숫 모
矛 창 모
糢 모호할 모
耗 축낼 모
謀 꾀 모
貌 모양 모
木 나무 목
沐 목욕할 목
牧 칠 목
目 눈 목
睦 화목할 목
穆 화할 목
歿 죽을 몰
沒 빠질 몰
夢 꿈 몽
懜 부끄러울 몽
濛 가는비 몽
朦 몽롱할 몽
蒙 어릴 몽
墓 무덤 묘
苗 묘할 묘
廟 사당 묘
描 모뜰 묘
瞄 겨눌 묘
苗 싹 묘
務 힘쓸 무
撫 어루만질 무
武 군사 무
毋 말 무
無 없을 무
舞 춤출 무
茂 성할 무

蕪 거칠 무
誣 속일 무
貿 살 무
霧 안개 무
鵡 앵무새 무
墨 먹 묵
默 잠잠할 묵
問 물을 문
文 글 문
紋 무늬 문
紊 어지러울 문
聞 들을 문
門 문 문
勿 말 물
物 만물 물
味 맛 미
尾 꼬리 미
彌 찰 미
微 작을 미
未 아니 미
眉 눈썹 미
米 쌀 미
美 아름다울 미
薇 장미 미
迷 미혹할 미
悶 답답할 민
敏 민첩할 민
憫 민망할 민
民 백성 민
閔 불쌍히 여길 민

黽 힘쓸 민(맹꽁이 맹)
密 빽빽할 밀
蜜 꿀 밀
埋 묻을 매
妹 누이 매
媒 중매 매
寐 잘 매
昧 어두울 매
枚 낱 매
梅 매화 매
每 매양 매
罵 꾸짖을 매
買 살 매
賣 팔 매
邁 갈 매
魅 매혹할 매
脈 맥 맥
麥 보리 맥
孟 맏 맹
猛 사나울 맹
盟 맹세 맹
盲 소경 맹
萌 움 맹

〔ㅂ〕

剝 깎을 박
博 넓을 박
拍 칠 박
搏 두드릴 박

撲 때릴 박
朴 소박할 박
泊 대일 박
珀 호박 박
箔 발 박
粕 찌끼 박
縛 얽을 박
膊 어깨 박
舶 배 박
薄 엷을 박
迫 다가들 박
雹 무리 박
駁 론박할 박
伴 짝 반
半 절반 반
反 돌이킬 반
叛 배반할 반
拌 저울 반
搬 옮길 반
班 반 반
斑 아롱질 반
畔 두둑 반
盤 쟁반 반
磐 반석 반
礬 백반 반
絆 얽어맬 반
般 일반 반
返 돌아올 반
頒 나눌 반
飯 밥 반

勃 노할 발
拔 뺄 발
撥 다스릴 발
潑 활발할 발
發 필 발
跋 밟을 발
醱 술빚을 발
鉢 바리 발
髮 털 발
魃 가물 발
倣 본받을 방
傍 곁 방
坊 동네 방
妨 해로울 방
尨 클 방
幇 도울 방
彷 헤맬 방
房 방 방
放 놓을 방
方 모 방
枋 박달나무 방
榜 표방할 방
紡 길쌈 방
肪 기름 방
膀 오줌통 방
芳 향기 방
訪 찾을 방
謗 헐뜯을 방
邦 나라 방
防 막을 방
魴 방어 방
煩 번거로울 번
番 차례 번
繁 성할 번
飜 뒤칠 번
藩 번성할 번
伐 칠 벌
筏 떼 벌
罰 벌줄 벌
閥 문벌 벌
凡 무릇 범
帆 돛 범
氾 넘칠 범
汎 넓을 범
泛 뜰 범
犯 범할 범
範 법 범
法 법 법
琺 구슬 법
僻 궁벽할 벽
劈 쪼갤 벽
壁 벽 벽
擘 엄지손가락 벽
璧 구슬 벽
甓 벽돌 벽
癖 버릇 벽
碧 푸를 벽
闢 열 벽
霹 벼락 벽
卞 성 변
變 변할 변
辨 분별할 변
辯 말씀 변
邊 가 변
別 분별할 별
瞥 눈깜짝할 별
丙 남녘 병
倂 아우를 병
兵 군사 병
屛 병풍 병
甁 병 병
病 병들 병
並 나란이 병
餠 떡 병
保 보전할 보
報 갚을 보
堡 작은성 보
媬 보모 보
寶 보배 보
普 넓을 보
步 걸음 보
洑 보둑 보
甫 클 보
補 기울 보
褓 포대기 보
譜 기록할 보
輔 도울 보
伏 엎드릴 복
僕 종 복
匐 길 복

卜 점 복
復 회복할 복(다시 부)
服 옷 복
福 복 복
腹 배 복
複 거듭 복
覆 엎어질 복(덮을 부)
輻 바퀴살 복
鰒 전복 복
本 근본 본
俸 녹 봉
奉 받들 봉
封 봉할 봉
峯 봉우리 봉
棒 몽둥이 봉
烽 홰불 봉
縫 꿰맬 봉
蜂 벌 봉
逢 만날 봉
鋒 칼날 봉
鳳 새 봉
付 부칠 부
俯 구부릴 부
剖 쪼갤 부
副 다음 부
否 아니 부
咐 불 부
埠 선창 부
夫 사나이 부
婦 부인 부

孵 알깔 부
富 부자 부
府 마을 부
扶 붙들 부
敷 펼 부
浮 뜰 부
父 아버지 부
符 병부 부
簿 문서 부
腑 내장 부
腐 썩을 부
膚 살 부
訃 부고 부
負 질 부
賦 세금 부
赴 다달을 부
部 떼 부
釜 가마 부
阜 언덕 부
附 붙을 부
北 북녘 북(질 배)
分 나눌 분
吩 불 분
噴 뿜을 분
墳 무덤 분
奔 달아날 분
奮 떨칠 분
忿 분할 분
憤 성낼 분
扮 쥘 분

焚 사를 분
盆 동이 분
粉 가루 분
糞 똥 분
紛 어지러울 분
雰 눈날릴 분
不 아니 불(부)
佛 부처 불
彿 방불할 불
拂 떨칠 불
崩 무너질 붕
硼 붕사 붕
繃 붕대 붕
備 갖출 비
匕 비수 비
匪 아닐 비
卑 낮을 비
婢 종 비
庇 덮을 비
悲 슬플 비
批 칠 비
比 견줄 비
沸 끓을 비
泌 스며흐를 비
琵 비파 비
痺 저릴 비
碑 비석 비
砒 비상 비
秘 감출 비
緋 비단 비

翡 비취 비
肥 살릴 비
脾 지라 비
蜚 날아다닐 비
誹 헐뜯을 비
譬 비유할 비
費 쓸 비
鄙 더러울 비
非 아니 비
飛 날 비
鼻 코 비
瀕 물가 빈
貧 가난할 빈
賓 손님 빈
頻 자주 빈
氷 얼음 빙
憑 비길 빙
聘 맞을 빙
倍 갑절 배
俳 배우 배
培 북돋을 배
徘 머뭇거릴 배
拜 절 배
排 물리칠 배
杯 잔 배
湃 부를 배
胚 아이밸 배
背 등 배
裵 성 배
褙 덧옷 배

賠 물어줄 배
輩 무리 배
配 짝 배
伯 맏 백
佰 우두머리 백(백 백)
栢 잣 백
白 흰 백
百 일백 백
魄 넋 백

〔ㅅ〕

事 일 사
些 적을 사
仕 벼슬 사
似 같을 사
使 하여금 사
史 력사 사
司 맡을 사
唆 부추길 사
四 넉 사
士 선비 사
奢 사치할 사
寫 쓸 사
寺 절 사
射 쏠 사
巳 뱀 사
師 스승 사
徙 옮길 사
思 생각 사

捨 버릴 사
斜 비낄 사
斯 이 사
査 살필 사
死 죽을 사
沙 모래 사
瀉 쏟을 사
獅 사자 사
砂 왕모래 사
社 두레 사
祀 제사 사
私 사사로울 사
篩 체 사
紗 비단 사
絲 실 사
肆 베풀 사(넉 사)
舍 집 사
蛇 긴뱀 사
詞 글 사
詐 거짓 사
謝 사례할 사
赦 놓을 사
辭 말씀 사
邪 간사할 사
飼 먹일 사
麝 사향노루 사
削 깎을 삭
朔 초하루 삭
傘 우산 산
山 뫼 산

散 흩어질 산
珊 산호 산
産 낳을 산
算 셈 산
酸 실 산
撒 뿌릴 살
殺 죽일 살
煞 급살 살
三 석 삼
森 수풀 삼
滲 스밀 삼
蔘 인삼 삼
揷 꽂을 삽
澁 떫을 삽
鍤 가래 삽
霎 잠간 삽
上 윗 상
傷 상할 상
像 모양 상
償 갚을 상
商 장사 상
喪 죽을 상
嘗 일찍 상
尙 오히려 상
常 항상 상
想 생각 상
桑 뽕나무 상
爽 시원할 상
床 평상 상
狀 형상 상

相 서로 상
祥 상서로울 상
箱 상자 상
裳 치마 상
詳 자세할 상
象 코끼리 상
賞 상줄 상
霜 서리 상
壻 사위 서
嶼 섬 서
序 차례 서
庶 뭇 서
徐 천천히 서
恕 용서할 서
抒 당길 서
敍 지을 서
暑 더울 서
曙 새벽 서
書 글 서
棲 깃드릴 서
瑞 상서로울 서
緖 실머리 서
署 부서 서
舒 펼 서
西 서녘 서
誓 맹세할 서(세)
逝 갈 서
黍 기장 서
鼠 쥐 서
夕 저녁 석

席 자리 석
惜 아낄 석
晳 밝힐 석
析 쪼갤 석
潟 짠땅 석
石 돌 석
釋 풀 석
錫 주석 석
仙 신선 선
先 먼저 선
善 착할 선
宣 베풀 선
扇 부채 선
旋 돌 선
煽 부채질할 선
線 줄 선
繕 기울 선
腺 줄기 선
膳 반찬 선
船 배 선
選 가릴 선
銑 무쇠 선
鮮 빛날 선
屑 가루 설
泄 샐 설
渫 씻을 설(팔 첩)
舌 혀 설
薛 성 설
設 베풀 설
說 말씀 설

雪 눈 설
殲 죽일 섬
纖 가늘 섬
閃 번쩍거릴 섬
攝 낄 섭
涉 건늘 섭
城 성 성
姓 성씨 성
性 성품 성
成 이룰 성
星 별 성
盛 성할 성
省 살필 성(덜 생)
聖 성스러울 성
聲 소리 성
誠 정성 성
醒 깰 성
召 부를 소
塑 빚을 소
小 작을 소
少 적을 소
巢 둥지 소
所 바 소
掃 쓸 소
沼 못 소
消 사라질 소
溯 거스릴 소
燒 불사를 소
疏 드물 소
疎 성길 소
笑 웃음 소
簫 퉁소 소
素 본디 소
紹 이을 소
蔬 나물 소
蕭 쑥 소
蘇 차조기 소
訴 하소할 소
逍 노닐 소
騷 소란할 소
俗 풍속 속
屬 부칠 속
束 묶을 속
粟 조 속
續 이을 속
贖 팔 속
速 빠를 속
孫 손자 손
損 덜 손
遜 겸손할 손
率 거느릴 솔(비률 률)
宋 성 송
悚 두려울 송
松 솔 송
訟 송사할 송
誦 외울 송
送 보낼 송
頌 칭송할 송
修 닦을 수
受 받을 수
囚 가둘 수
垂 드리울 수
壽 목숨 수
嫂 아주머니 수
守 지킬 수
帥 장수 수
愁 시름 수
戍 수자리 수
手 손 수
授 줄 수
搜 찾을 수
收 걷을 수
數 셈 수
樹 나무 수
殊 다를 수
水 물 수
狩 사냥할 수
獸 짐승 수
瘦 여윌 수
睡 졸 수
秀 뛰어날 수
粹 순수할 수
繡 수놓을 수
羞 부끄러울 수
蒐 모둘 수
袖 소매 수
竪 세울 수
輸 실을 수
遂 드디어 수
酬 갚을 수

銹 녹 수
隨 따를 수
需 쓰일 수
須 모름지기 수
首 머리 수
髓 골수 수
鬚 수염 수
叔 아저씨 숙
塾 글방 숙
夙 일찍 숙
宿 잘 숙
淑 맑을 숙
熟 익을 숙
肅 엄숙할 숙
巡 돌 순
循 좇을 순
旬 열흘 순
殉 몸바칠 순
淳 순박할 순
盾 방대 순
瞬 눈깜짝일 순
筍 대 순
純 순수할 순
唇 입술 순
荀 풀순 순
醇 전술 순
順 순할 순
馴 길들일 순
術 꾀 술
述 지을 술

崇 높을 숭
瑟 비파 슬
膝 무릎 슬
拾 주을 습
濕 젖을 습
習 익힐 습
褶 접을 습
襲 덮칠 습
乘 탈 승
僧 중 승
勝 이길 승
承 이을 승
昇 오를 승
繩 노끈 승
匙 숟가락 시
始 비로소 시
媤 시집 시
尸 주검 시
屍 시체 시
市 시장 시
施 베풀 시
是 이 시
時 때 시
柴 섶 시
柿 감 시
猜 시기할 시
矢 화살 시
示 보일 시
視 볼 시
試 시험 시

詩 글 시
式 법 식
息 쉴 식
植 심을 식
殖 불을 식
熄 불꺼질 식
識 알 식
食 밥 식
飾 꾸밀 식
蝕 좀먹을 식
伸 펼 신
信 믿을 신
呻 신음할 신
娠 아이밸 신
愼 삼가할 신
新 새 신
申 거듭 신
神 귀신 신
紳 띠 신
腎 콩팥 신
臣 신하 신
薪 섶 신
蜃 조개 신
訊 물을 신
身 몸 신
辛 매울 신
迅 빠를 신
失 잃을 실
室 집 실
實 열매 실

審 살필 심
尋 찾을 심
心 마음 심
深 깊을 심
瀋 즙 심
甚 심할 심
十 열 십
嗇 아낄 색
塞 막을 색(변방 새)
索 찾을 색(줄 삭)
色 빛 색
牲 희생 생
生 날 생
甥 조카 생
世 세상 세
勢 형세 세
歲 해 세
洗 씻을 세
稅 세금 세
細 가늘 세
貰 세줄 세
衰 쇠할 쇠
刷 문지를 쇄
碎 부서질 쇄
鎖 잠글 쇄

［ㅈ］

仔 자세할 자
刺 찌를 자
姊 누이 자
姿 맵시 자
子 아들 자
字 글자 자
恣 방자할 자
慈 사랑 자
滋 불을 자
磁 자석 자
紫 검붉을 자
者 사람 자
自 스스로 자
藉 빙자할 자
諮 물을 자
資 밑천 자
赭 붉을 자
趑 주춤거릴 자
雌 암 자
作 지을 작
昨 어제 작
柞 참나무 작
灼 불탈 작
炸 터질 작
芍 함박꽃 작
酌 잔질할 작
雀 참새 작
孱 약할 잔
棧 사다리 잔
殘 남을 잔
潺 물소리 잔
盞 잔 잔
暫 잠간 잠
潛 잠길 잠
蠶 누에 잠
雜 섞일 잡
丈 어른 장
仗 짚을 장
匠 장인 장
場 마당 장
壯 장할 장
獎 권할 장
將 장수 장
帳 장막 장
張 베풀 장
掌 손바닥 장
杖 지팽이 장
欌 옷장 장
漿 즙 장
牆 담 장
章 글 장
粧 단장할 장
腸 밸 장
臟 내장 장
莊 씩씩할 장
葬 장사 장
藏 감출 장
裝 꾸밀 장
醬 장 장
長 긴 장
障 막을 장
低 낮을 저

咀 씹을 저
底 밑 저
抵 이를 저
沮 그칠 저
狙 원숭이 저
箸 젓가락 저
著 나타날 저
詛 저주할 저
貯 저축할 저
趄 주춤거릴 저
躇 머뭇거릴 저
邸 집 저
寂 고요할 적
摘 딸 적
敵 원쑤 적
滴 물방울 적
炙 구울 적
狄 오랑캐 적
的 과녁 적
積 쌓을 적
笛 피리 적
籍 문서 적
績 길쌈 적
賊 도적 적
赤 붉을 적
迹 자취 적
跡 발자취 적
蹟 사적 적
適 맞을 적
傳 전할 전

全 온전할 전
典 법 전
前 앞 전
剪 벨 전
塡 메울 전
專 오로지 전
展 펼 전
廛 전 전
戰 싸움 전
栓 마개 전
殿 집 전
氈 담요 전
澱 앙금 전
煎 다릴 전
田 밭 전
甸 경기 전
纏 얽을 전
轉 구를 전
錢 돈 전
電 번개 전
顚 엎어질 전
餞 바랠 전
切 간절할 절
截 벨 절
折 꺾을 절
竊 훔칠 절
節 마디 절
絶 끊을 절
占 차지할 점
店 가게 점

漸 점점 점
粘 붙을 점
點 점 점
接 접할 접
摺 접을 접
椄 나무접할 접
丁 장정 정
井 우물 정
亭 정자 정
偵 엿볼 정
停 머무를 정
叮 정녕 정
呈 드릴 정
定 정할 정
幀 겉그림 정
庭 뜰 정
廷 조정 정
征 칠 정
情 뜻 정
挺 빼낼 정
政 정사 정
整 가지런할 정
晶 수정 정
正 바를 정
淨 깨끗할 정
町 밭두둑 정
碇 닻 정
程 길 정
穽 함정 정
精 정밀할 정

艇 배 정
訂 고칠 정
貞 곧을 정
鄭 정중할 정
釘 못 정
錠 덩이 정
靜 고요할 정
頂 정수리 정
鼎 솥 정
兆 억조 조
凋 시들 조
助 도울 조
嘲 조롱할 조
弔 조상할 조
彫 새길 조
措 둘 조
操 잡을 조
早 일찍 조
曹 무리 조
朝 아침 조
條 가지 조
槽 구유 조
潮 밀물 조
照 비칠 조
燥 마를 조
爪 손톱 조
祖 할아버지 조
租 조세 조
稠 빽빽할 조
笊 조리 조

粗 거칠 조
組 짤 조
繰 실뽑을 조
藻 마름 조
調 고를 조
趙 성 조
跳 뛸 조(도)
躁 조급할 조
造 지을 조
遭 만날 조
阻 막힐 조
鳥 새 조
族 겨레 족
足 발 족
存 있을 존
尊 높을 존
卒 군사 졸
拙 졸할 졸
猝 갑자기 졸
宗 마루 종
從 좇을 종
種 씨 종
終 마칠 종
綜 모을 종
縱 놓을 종
腫 헌데 종
蹤 자취 종
鐘 쇠북 종
主 주인 주
住 살 주

做 지을 주
呪 저주할 주
周 두루 주
奏 아뢸 주
宙 집 주
州 고을 주
厨 부엌 주
晝 낮 주
朱 붉을 주
柱 기둥 주
株 그루 주
注 부을 주
洲 물가 주
珠 구슬 주
疇 이랑 주
紬 명주 주
舟 배 주
註 주낼 주
誅 벨 주
走 달릴 주
躊 머뭇거릴 주
週 돐 주
酒 술 주
鑄 쇠녹여부을 주
駐 머무를 주
竹 대 죽
粥 죽 죽
俊 뛰어날 준
峻 높을 준
浚 깊을 준

準 표준 준
准 비준 준
竣 마칠 준
蠢 꾸물거릴 준
遵 좇을 준
駿 준마 준
中 가운데 중
仲 다음 중
衆 무리 중
重 무거울 중
即 곧 즉
櫛 빗 즐
汁 즙 즙
增 더할 증
憎 미울 증
曾 일찍 증
症 증세 증
蒸 찔 증
證 증명할 증
贈 줄 증
之 갈 지
只 다만 지
咫 지척 지
地 땅 지
址 터 지
志 뜻 지
持 가질 지
指 손가락 지
摯 잡을 지
支 고일 지
旨 맛 지
智 지혜 지
枝 가지 지
止 그칠 지
池 못 지
知 알 지
祉 복 지
紙 종이 지
肢 사지 지
脂 기름 지
至 이를 지
芝 잔디 지
誌 기록할 지
遲 더딜 지
直 곧을 직
稷 피 직
織 짤 직
職 직분 직
塵 티끌 진
振 떨칠 진
晋 성 진
津 나루 진
珍 보배 진
疹 마마 진
盡 다할 진
眞 참 진
診 병볼 진
辰 별 진
進 나갈 진
鎭 누를 진
陣 진칠 진
陳 베풀 진
震 우뢰 진
佚 늘어질 질
叱 꾸짖을 질
姪 조카 질
嫉 미워할 질
帙 책권 질
桎 족쇄 질
疾 병 질
秩 차례 질
窒 막힐 질
質 바탕 질
跌 미끄러질 질
什 세간 집
執 잡을 집
輯 모을 집
集 모둘 집
徵 부를 징
懲 징계할 징
再 다시 재
哉 토 재
在 있을 재
宰 맡을 재
才 재주 재
材 재목 재
栽 심을 재
滓 찌끼 재
災 재앙 재
裁 마를 재

財 재물 재
載 실을 재
齋 집 재
爭 다툴 쟁
琤 옥소리 쟁
箏 아쟁 쟁
錚 징 쟁
制 법 제
劑 약지을 제
堤 둑 제
帝 임금 제
弟 아우 제
提 이끌 제
梯 사다리 제
濟 건늘 제
祭 제사 제
第 차례 제
製 지을 제
諸 모든 제
除 덜 제
際 즈음 제
題 쓸 제
齊 가지런할 제
罪 허물 죄
佐 도울 좌
坐 앉을 좌
左 왼 좌
座 자리 좌
挫 꺾을 좌

〔ㅊ〕

且 또 차
借 빌 차
叉 갈래 차
岔 산갈래 차
差 어긋날 차
次 다음 차
此 이 차
車 수레 차
遮 막을 차
捉 잡을 착
搾 짤 착
窄 좁을 착
着 닿을 착
錯 섞을 착
鑿 뚫을 착
齪 악착할 착
燦 빛날 찬
簒 빼앗을 찬
纂 모을 찬
讚 칭찬할 찬
贊 도울 찬
鑽 뚫을 찬
餐 밥 찬
饌 반찬 찬
刹 절 찰
察 살필 찰
擦 문지를 찰
札 편지 찰

僭 주제넘을 참
參 참여할 참
塹 구뎅이 참
嶄 산험할 참
慘 슬플 참
慙 부끄러울 참
懺 뉘우칠 참
斬 벨 참
站 참 참
讒 참소할 참
創 비로소 창
唱 부를 창
廠 공장 창
彰 드러낼 창
昌 번창할 창
暢 화창할 창
槍 창 창
滄 바다 창
猖 날칠 창
瘡 헌데 창
窓 창문 창
脹 부어오를 창
艙 부두 창
菖 창포 창
蒼 푸를 창
妻 안해 처
悽 슬플 처
處 곳 처
尺 자 척
戚 겨레 척

拓 개척할 척
擲 던질 척
斥 물리칠 척
滌 씻을 척
瘠 여윌 척
脊 등마루 척
陟 오를 척
隻 짝 척
仟 우두머리 천(천 천)
千 일천 천
天 하늘 천
川 내 천
泉 샘 천
淺 얕을 천
穿 뚫을 천
薦 추천할 천
賤 천할 천
踐 밟을 천
遷 옮길 천
闡 드러낼 천
哲 밝을 철
徹 사무칠 철
撤 거둘 철
綴 엮을 철
轍 수레바퀴 철
鐵 쇠 철
尖 뾰족할 첨
添 더할 첨
籤 제비 첨
諂 아첨할 첨
妾 첩 첩
帖 접을 첩
捷 빠를 첩
牒 편지 첩
疊 포갤 첩
諜 간첩 첩
貼 붙일 첩
廳 큰집 청
晴 갤 청
淸 맑을 청
聽 들을 청
請 청할 청
靑 푸를 청
初 처음 초
哨 망볼 초
憔 파리할 초
抄 뽑을 초
招 부를 초
梢 끝 초
楚 회초리 초
焦 탈 초
硝 화약 초
礁 암초 초
礎 주추 초
秒 분초 초
肖 같을 초
草 풀 초
蕉 파초 초
超 뛸 초
醋 초 초
隹 새 초
促 재촉할 촉
嗾 부추길 촉
囑 부탁할 촉
燭 초불 촉
觸 찌를 촉
鏃 살촉 촉
寸 마디 촌
村 마을 촌
叢 떨기 총
寵 사랑 총
悤 바쁠 총
總 다 총
聰 귀밝을 총
葱 파 총
銃 총 총
墜 떨어질 추
抽 뺄 추
推 밀 추
椎 방망이 추
樞 지도리 추
秋 가을 추
趨 빨리걸을 추
追 따를 추
酋 우두머리 추
醜 더러울 추
錐 송곳 추
錘 저울 추
鎚 쇠망치 추
畜 기를 축

祝 빌 축
築 쌓을 축
縮 줄어질 축
蓄 모을 축
蹴 찰 축
軸 굴대 축
逐 쫓을 축
春 봄 춘
出 날 출
黜 내칠 출
充 채울 충
忠 충성 충
虫 벌레 충
衝 찌를 충
衷 속 충
側 곁 측
惻 슬플 측
測 헤아릴 측
層 층 층
侈 사치할 치
値 값 치
峙 고개 치
幟 기발 치
恥 부끄러울 치
治 다스릴 치
熾 성할 치
痴 미련할 치
癡 어리석을 치
稚 어릴 치
緻 빽빽할 치

置 둘 치
致 이를 치
馳 달릴 치
齒 이 치
則 법 칙
親 친할 친
七 일곱 칠
柒 칠 칠(일곱 칠)
漆 옻 칠
侵 침략할 침
寢 잘 침
枕 베개 침
沈 잠길 침
浸 젖을 침
針 바늘 침
鍼 침 침
蟄 숨을 칩
稱 부를 칭
債 빚 채
彩 색 채
採 캘 채
菜 나물 채
蔡 성 채
采 분별할 채(채색 채)
冊 책 책
策 꾀 책
責 꾸짖을 책
替 대신 체
滯 막힐 체
締 맺을 체

逮 미칠 체
遞 갈릴 체
體 몸 체
催 재촉할 최
崔 높을 최
最 가장 최
取 가질 취
吹 불 취
就 나아갈 취
炊 밥지을 취
翠 푸를 취
聚 모일 취
脆 연할 취
膵 취장 취
臭 냄새 취
萃 모을 취
趣 뜻 취
醉 취할 취
撮 모을 촬
悴 파리할 췌

〔ㅋ〕

快 쾌할 쾌

〔ㅌ〕

他 다를 타
唾 침 타
墮 떨어질 타

妥 편안할 타
惰 게으를 타
打 칠 타
楕 길둥글 타
舵 키 타
駝 약대 타
卓 높을 탁
托 의탁할 탁
擢 뽑을 탁
濁 흐릴 탁
濯 씻을 탁
琢 다듬을 탁
託 부탁할 탁
呑 삼킬 탄
坦 평탄할 탄
彈 탄환 탄
憚 꺼릴 탄
歎 탄식할 탄
灘 여울 탄
炭 숯 탄
綻 터질 탄
誕 날 탄
奪 빼앗을 탈
脫 벗을 탈
頉 탈 탈
探 더듬을 탐
耽 즐길 탐
貪 탐낼 탐
塔 탑 탑
宕 호탕할 탕

湯 끓을 탕
盪 씻을 탕
蕩 방탕할 탕
踼 질탕할 탕
攄 펼 터
吐 토할 토
土 흙 토
討 칠 토
桶 통 통
痛 아플 통
筒 연통 통
筩 대통 통
統 거느릴 통
通 통할 통
套 씌울 투
妒 새암 투
投 던질 투
透 꿰뚫을 투
鬪 싸움 투
特 특별 특
兌 바꿀 태
台 별 태
太 콩 태
怠 게으를 태
態 모양 태
殆 위태할 태
汰 일 태
泰 클 태
胎 태 태
颱 태풍 태

馱 실을 태
宅 집 택
擇 가릴 택
澤 못 택
撑 버틸 탱
堆 쌓일 퇴
槌 방망이 퇴
腿 넓적다리 퇴
退 물러갈 퇴
頹 무너질 퇴

〔ㅍ〕

坡 언덕 파
婆 할머니 파
巴 꼬리 파
把 잡을 파
播 뿌릴 파
波 물결 파
派 갈래 파
爬 긁을 파
琶 비파 파
破 깰 파
罷 파할 파
芭 파초 파
頗 자못 파
判 쪼갤 판
板 널 판
版 쪼각 판
辦 힘쓸 판

辨 꽃잎 판
販 팔 판
坂 언덕 판
八 여덟 팔
捌 깨뜨릴 팔(여덟 팔)
愎 괴벽할 퍅
便 편할 편
偏 치우칠 편
扁 작을 편
片 쪼각 편
篇 책 편
編 엮을 편
遍 두루 편
鞭 채찍 편
坪 들 평
平 평평할 평
萍 부평초 평
評 평론할 평
包 쌀 포
匍 길 포
咆 소리지를 포
哺 먹일 포
圃 터밭 포
布 베 포
怖 두려울 포
抱 안을 포
抛 던질 포
捕 잡을 포
暴 사나울 포(폭)
泡 거품 포
浦 물가 포
疱 물집 포
砲 대포 포
胞 태 포
脯 마른고기 포
葡 포도 포
蒲 부들 포
舖 펼 포
飽 배부를 포
幅 폭 폭
曝 쪼일 폭
瀑 폭포 폭
爆 터질 폭
剽 깎을 표
慓 급할 표
標 표할 표
漂 빨래 표
票 표 표
表 겉 표
豹 표범 표
縹 나붓길 표
品 성품 품
稟 물을 품
楓 단풍 풍
諷 풍자할 풍
豊 풍년 풍
風 바람 풍
彼 저 피
披 헤칠 피
鞁 피마주 피
疲 피곤할 피
皮 가죽 피
被 입을 피
避 피할 피
匹 짝 필
必 반드시 필
畢 다할 필
疋 필 필
筆 붓 필
乏 다할 핍
逼 다가들 핍
佩 찰 패
悖 거스를 패
敗 패할 패
牌 패 패
狽 낭패 패
貝 조개 패
覇 으뜸 패
澎 물결칠 팽
膨 불을 팽
幣 화폐 폐
廢 패할 폐
弊 해질 폐
斃 죽을 폐
肺 허파 폐
蔽 가릴 폐
閉 닫을 폐

[ㅎ]

下 아래 하
何 어찌 하
夏 여름 하
河 강 하
荷 짐 하
蝦 새우 하
賀 축하할 하
霞 노을 하
壑 구뎅이 학
學 배울 학
瘧 학질 학
虐 모질 학
謔 희롱할 학
鶴 두루미 학
寒 찰 한
恨 한할 한
旱 가물 한
汗 땀 한
漢 강이름 한
罕 드물 한
翰 글 한
閑 한가할 한
限 한정 한
韓 성 한
割 벨 할
轄 수레 할
函 함 함
含 먹음을 함
咸 다 함
喊 소리칠 함
緘 봉할 함
艦 배 함
銜 자갈 함
陷 빠질 함
鹹 짤 함
合 합할 합
盒 그릇 합
蛤 조개 합
陜 좁을 협(합)
亢 높을 항
巷 거리 항
恒 항상 항
抗 박을 항
港 항구 항
缸 항아리 항
航 배 항
項 목 항
享 누릴 향
向 향할 향
嚮 길잡을 향
鄕 시골 향
響 울릴 향
香 향기 향
嘘 불 허
墟 터 허
虛 빌 허
許 허락할 허
憲 법 헌
獻 드릴 헌
歇 쉬울 헐
險 험할 험
驗 경험할 험
嚇 성낼 혁
赫 빛날 혁
革 가죽 혁
峴 고개 현
弦 활시위 현
懸 달 현
現 보일 현
玄 검을 현
眩 어지러울 현
絃 줄 현
絢 무늬 현
縣 고을 현
舷 배전 현
衒 자랑할 현
賢 어질 현
鉉 솥귀 현
顯 나타날 현
穴 구멍 혈
血 피 혈
頁 머리 혈
嫌 혐의 혐
俠 호협할 협
協 화할 협
峽 골짜기 협
挾 낄 협
狹 좁을 협

脅 갈비 협
亨 통할 형
兄 형 형
刑 형벌 형
型 형틀 형
形 모양 형
荊 싸리 형
螢 반디불 형
衡 저울 형
乎 토 호
互 서로 호
呼 부를 호
壕 구뎅이 호
好 좋을 호
弧 활 호
戶 집 호
扈 클 호
毫 털 호
浩 넓을 호
湖 호수 호
狐 여우 호
琥 호박 호
瑚 산호 호
糊 풀 호
胡 성 호
虎 범 호
號 이름 호
護 호위할 호
豪 호걸 호
惑 호릴 혹
或 혹 혹
酷 혹독할 혹
婚 혼인 혼
昏 어두울 혼
混 섞일 혼
渾 흐릴 혼
魂 넋 혼
忽 문득 홀
惚 황홀할 홀
洪 넓을 홍
紅 붉을 홍
虹 무지개 홍
哮 소리지를 효
嚆 부르짖을 효
孝 효성 효
效 본받을 효
爻 수효 효
酵 삭일 효
候 기후 후
厚 두터울 후
喉 목구멍 후
嗅 맡을 후
後 뒤 후
朽 썩을 후
逅 만날 후
勳 공 훈
暈 무리 훈
燻 구을 훈
薰 더울 훈
訓 가르칠 훈
休 쉴 휴
携 끌 휴
兇 흉할 흉
凶 흉년 흉
洶 물소리 흉
胸 가슴 흉
黑 검을 흑
欣 기쁠 흔
痕 흔적 흔
吃 먹을 흘
屹 높을 흘
欠 하품 흠
欽 공경할 흠
吸 빨 흡
恰 흡사할 흡
洽 흡족할 흡
興 일 흥
詰 물을 힐
偕 함께 해
咳 기침 해
奚 어찌 해
害 해할 해
海 바다 해
解 풀 해
該 갖출 해
諧 화할 해
邂 만날 해
駭 놀랄 해
骸 뼈 해
劾 꾸짖을 핵

核 씨 핵
倖 요행 행
幸 다행 행
杏 살구 행
行 다닐 행
彗 살별 혜
惠 은혜 혜
慧 슬기 혜
醯 식혜 혜
回 돌아올 회
廻 돌 회
徊 머뭇거릴 회
恢 넓을 회
悔 뉘우칠 회
懷 품을 회
會 모일 회
灰 재 회
繪 그림 회
膾 회 회
蛔 거위 회
劃 그을 획
獲 얻을 획
橫 가로 횡
彙 모을 휘
徽 아름다울 휘
揮 두를 휘
諱 숨길 휘
輝 빛날 휘
麾 기 휘
喜 기쁠 희
希 바랄 희
戲 희롱 희
熙 밝을 희
犧 희생 희
稀 드물 희
化 될 화
和 화할 화
樺 봇나무 화
火 불 화
畫 그림 화
禍 재앙 화
禾 벼 화
花 꽃 화
華 빛날 화
話 말씀 화
貨 재물 화
靴 신 화
擴 넓힐 확
攫 움킬 확
確 굳을 확
穫 거둘 확
丸 둥글 환
喚 부를 환
幻 헛보일 환
患 근심 환
換 바꿀 환
歡 즐길 환
煥 빛날 환
環 고리 환
還 돌아올 환
活 살 활
滑 미끄러울 활
猾 교활할 활
豁 너그러울 활
闊 넓을 활
凰 새 황
徨 헤맬 황
恍 황홀할 황
恍 눈부실 황
惶 두려울 황
慌 어렴풋할 황
況 하물며 황
煌 빛날 황
皇 임금 황
荒 거칠 황
遑 겨를 황
黃 누를 황
毁 헐 훼

[ㅆ]

雙 쌍 쌍
讐 원쑤 쑤(수)
氏 성 씨

[ㅇ]

亞 다음 아
兒 아이 아
啞 벙어리 아

我 나 아
牙 어금이 아
芽 싹 아
訝 의심 아
阿 언덕 아
雅 맑을 아
餓 주릴 아
缶 메부리 악
惡 악할 악
愕 놀랄 악
握 잡을 악
顎 턱 악
鰐 악어 악
齷 악착할 악
安 편안 안
岸 언덕 안
按 누를 안
案 책상 안
眼 눈 안
鞍 안장 안
顔 얼굴 안
斡 돌 알
軋 깔릴 알
岩 바위 암
暗 어두울 암
癌 암 암
闇 암둔할 암
壓 억누를 압
押 누를 압
鴨 오리 압

仰 우러를 앙
央 가운데 앙
怏 원망할 앙
昂 높이들 앙
殃 재앙 앙
秧 모 앙
鴦 원앙새 앙
也 토 야
倻 가야 야
冶 풀무 야
夜 밤 야
惹 끌 야
揶 야유할 야
椰 야자나무 야
爺 아버지 야
耶 토 야
野 들 야
弱 약할 약
約 언약할 약
若 같을 약
藥 약 약
躍 뛸 약
籥 피리 약
壤 흙덩이 양
揚 날릴 양
楊 버들 양
樣 모양 양
洋 바다 양
瘍 헐 양
羊 양 양

襄 도울 양
讓 사양할 양
釀 빚을 양
陽 볕 양
養 기를 양
圄 옥 어
御 모실 어
於 토 어
漁 고기잡을 어
瘀 어혈 어
禦 막을 어
語 말씀 어
魚 고기 어
億 억 억
憶 생각 억
抑 누를 억
臆 가슴 억
堰 둑 언
焉 토 언
言 말씀 언
諺 속담 언
儼 엄연할 엄
嚴 엄할 엄
掩 덮을 엄
業 업 업
汝 너 여
余 나 여
如 같을 여
與 더불어 여
輿 수레 여

餘 남을 여
亦 또 역
域 지역 역
役 부릴 역
易 바꿀 역(쉬울 이)
疫 전염병 역
繹 실뽑을 역
譯 번역 역
逆 거스릴 역
驛 역 역
延 뻗을 연
宴 잔치 연
捐 버릴 연
撚 비빌 연
椽 서까래 연
沿 따를 연
淵 못 연
演 넓을 연
然 그럴 연
煙 연기 연
燕 제비 연
燃 탈 연
硏 갈 연
緣 인연 연
臙 연지 연
衍 넓을 연
軟 연할 연
鉛 연 연
鳶 소리개 연
悅 기쁠 열
熱 더울 열
閱 볼 열
厭 싫을 염
染 물들일 염
炎 불길 염
焰 불꽃 염
艶 고울 염
髥 수염 염
鹽 소금 염
葉 잎 엽
影 그림자 영
映 비칠 영
榮 빛날 영
永 길 영
泳 헤엄칠 영
營 경영할 영
盈 찰 영
英 꽃부리 영
詠 읊을 영
迎 맞을 영
五 다섯 오
伍 대오 오(다섯 오)
傲 거만할 오
午 낮 오
吾 나 오
吳 성 오
嗚 슬플 오
奧 깊을 오
娛 즐길 오
寤 깰 오
悟 깨달을 오
懊 한할 오
梧 오동나무 오
汚 더러울 오
烏 까마귀 오
誤 그릇 오
屋 집 옥
沃 기름질 옥
獄 옥 옥
玉 구슬 옥
溫 따스할 온
穩 편안할 온
壅 막을 옹
擁 낄 옹
甕 독 옹
僥 요행 요
夭 일찍죽을 요
妖 요사할 요
拗 우길 요
搖 흔들 요
撓 휠 요
擾 시끄러울 요
曜 빛날 요
窯 기와가마 요
腰 허리 요
要 요긴할 요
謠 노래 요
邀 맞을 요
饒 넉넉할 요
慾 욕심 욕

欲 하고저할 욕	遇 만날 우	游 헤염칠 유
浴 목욕할 욕	郵 우편 우	由 말미암을 유
辱 욕할 욕	雨 비 우	癒 나을 유
傭 품팔 용	煜 빛날 욱	維 벼리 유
勇 날랠 용	云 이를 운	裕 넉넉할 유
容 얼굴 용	殞 죽을 운	誘 달랠 유
庸 떳떳할 용	運 움직일 운	諭 타이를 유
涌 솟을 용	隕 떨어질 운	諛 아첨할 유
溶 풀릴 용	雲 구름 운	謬 그를 유
熔 녹일 용	韻 운 운	蹂 밟을 유
用 쓸 용	鬱 답답할 울	踰 넘을 유
茸 사슴뿔 용	熊 곰 웅	遊 놀 유
踊 뛸 용	雄 숫 웅	遺 끼칠 유
鎔 쇠녹일 용	乳 젖 유	酉 닭 유
于 토 우	儒 선비 유	毓 키울 육
偶 짝 우	兪 성 유	肉 고기 육
優 넉넉할 우	唯 오직 유	育 기를 육
又 또 우	喩 깨우칠 유	尹 성 윤
友 벗 우	宥 용서할 유	潤 불을 윤
右 오른 우	幼 어릴 유	閏 윤달 윤
宇 집 우	幽 그윽할 유	融 녹을 융
寓 붙일 우	悠 멀 유	恩 은혜 은
尤 더욱 우	惟 생각할 유	慇 은근할 은
愚 어리석을 우	愉 즐거울 유	殷 성 은
憂 근심 우	揄 야유할 유	銀 은 은
牛 소 우	有 있을 유	隱 숨을 은
禹 성 우	柚 유자 유	乙 새 을
紆 얽힐 우	柔 부드러울 유	吟 읊을 음
羽 깃 우	楡 느릅나무 유	淫 음란할 음
迂 어둘 우	油 기름 유	陰 그늘 음

音 소리 음
飮 마실 음
邑 고을 읍
凝 엉킬 응
應 응할 응
膺 가슴 응
二 두 이
以 써 이
伊 저 이
夷 오랑캐 이
姨 이모 이
已 이미 이
弛 늦출 이
栮 버섯 이
異 다를 이
移 옮길 이
而 말이을 이
耳 귀 이
貳 다음 이(두 이)
益 더할 익
翼 날개 익
人 사람 인
仁 어질 인
印 도장 인
咽 목구멍 인(목멜 열)
因 인할 인
姻 혼인 인
引 끌 인
忍 참을 인
湮 빠질 인

認 알 인
靷 가슴걸이 인
韌 질길 인
一 한 일
壹 갖은한 일(한 일)
日 날 일
溢 넘을 일
逸 편안할 일
任 맡길 임
壬 북방 임
姙 아이밸 임
賃 삯 임
入 들 입
剩 남을 잉
哀 슬플 애
愛 사랑 애
曖 희미할 애
涯 물가 애
碍 막힐 애
隘 좁을 애
藹 아지랑이 애
厄 액 액
液 진액 액
額 이마 액
鸚 앵무새 앵
曳 끌 예
蘂 꽃술 예
睿 슬기 예
藝 재주 예
裔 옷깃 예

詣 이를 예
譽 기릴 예
銳 날카로울 예
隸 종 예
預(豫) 미리 예
外 밖 외
歪 비뚜러질 외
猥 외람될 외
位 자리 위
偉 거룩할 위
僞 거짓 위
危 위태할 위
圍 에울 위
委 맡길 위
威 위엄 위
尉 벼슬 위
慰 위로할 위
渭 땅이름 위
爲 하 위
緯 씨 위
胃 위 위
萎 시들 위
蔚 제비쑥 위(땅이름 울)
衛 호위할 위
謂 이를 위
違 어길 위
韋 가죽 위
依 의지할 의
倚 기댈 의
儀 거동 의

宜 마땅 의	婉 고을 완	員 인원 원
意 뜻 의	完 완전할 완	園 동산 원
擬 비길 의	宛 완연할 완	圓 둥글 원
椅 의자 의	玩 희롱 완	怨 원망할 원
毅 굳셀 의	緩 늦을 완	冤 원통할 원
疑 의심 의	腕 팔뚝 완	援 도울 원
義 옳을 의	莞 왕골 완	源 근원 원
艤 배댈 의	豌 완두 완	猿 원숭이 원
衣 옷 의	頑 억셀 완	遠 멀 원
誼 정 의	曰 가로 왈	院 집 원
議 의논 의	往 갈 왕	願 원할 원
醫 의사 의	旺 왕성할 왕	鴛 원앙새 원
渦 소용돌이 와	汪 넓을 왕	月 달 월
瓦 기와 와	王 임금 왕	越 넘을 월
臥 누울 와	元 으뜸 원	倭 왜놈 왜
訛 거짓 와	原 언덕 원	矮 난쟁이 왜

2. 日本의 國語教育 趨勢

88. 7. 27日字 日本의 朝日新聞 11面에는 小·中學校 學習指導要領 改訂의 要點이라 하여 小學校의 새로운 學年別 漢字配當數라는 것이 실려 있다. 그들이 1968년 以來 小學校에서의 漢字指導는 1년 76字, 2년 145字, 3~5년 各 195字, 6년 190字 計 996字이던 것인데 이것에 添削을 加하여 1,005字를 가르치기로 하여 9字 늘렸다. 紹介하면 다음과 같다.

새로운 學年別 漢字配當數

( )안은 現在의 配當學年(고딕은 새로 들어가는 漢字)

第一学年 (80字)	一右雨円王音下火花学気九休金空月犬見五口校左三山子四糸字耳七車手十出女小上森人水正生青夕石赤千川先早足村大男中虫町天田土二日入年白八百文木本名目立力林六	貝玉草竹 (2年)
第二学年 (160字)	引雲遠何科夏家歌画回会海絵外間顔汽記帰牛魚京教強近形計元原戸古午後語工広交光行考高黄合谷国黒今才作算止市思紙寺自時室社弱首秋春書少場色食心新親図数西声星晴切雪船前組走多太体台池地知茶昼長鳥朝通弟店点電冬刀当東答頭同道読南馬買売麦半番父風分聞米歩母方北毎妹明鳴毛門夜野友用曜来楽里理話	園角活岩兄言公細週線直内肉万 (3年) 柿 (4年) 弓失丸羽 (6年)
第三学年 (200字)	悪安暗医意育員院飲運泳駅横屋温化荷界開階寒感館岸起期客究急級宮球去橋業曲局銀苦具君係軽血決県研庫湖向幸港号根祭仕死使始指歯詩次事持式実写者主守取酒受州拾終習集住重所暑助昭消商章勝乗植申身神深進世整全送息族他打対待代第題炭短着注柱帳調追丁定庭鉄転都度投島湯登等動童農波配畑発反坂板皮悲美鼻氷表秒病品負部服福物平返勉放味命面問役薬由油有遊予洋葉陽様落流旅両緑礼列路和	委央漢区宿真相想速談 筆練 (4年) 羊 (6年) 皿昔笛豆箱
第四学年 (200字)	愛案衣以囲位胃印英栄塩億加貨課芽改械害各覚完官管関観願希季紀喜旗器機議求救給挙漁共協鏡競極軍郡型景芸欠結建健験固功候航康告差菜最材昨刷殺察参散産残士氏史司試借失辞種周順初唱照賞焼臣信成省清静席積折節説浅戦選然争倉象側続卒孫帯隊達単治置貯腸低底停的典伝徒努灯堂働毒熱念敗博飯飛費必筆	訓児祝束特無得果(5年) 街泣好笑仲兆未 (6年) 札松巣票梅

	標不夫付府副粉兵別辺変便包法望牧末満脈民 約勇要養浴利陸良料量輪類令冷例歴連老労録	
第五学年 (80字)	圧易移因営永衛液益演往応恩仮価河過賀解快 格確額刊幹慣眼基寄規技義逆久旧居許境興均 禁句群経潔件券検険減現限個故護効厚構耕講 鉱混査再妻採災際在罪財雑賛酸師志支資似示 識質舎謝授修述術準序招承証常条状情織職制 性政精製税責績接設舌絶銭祖素総造像増則測 属損退貸態団断築張提程敵適統導銅徳独任燃 能破犯判版比非肥備俵評貧婦布富武復複仏編 弁保墓報豊防貿暴務迷綿輸余預容率略留領 (削除) **歡称**	勢(4年) 可(6年) 桜枝飼夢
第六学年 (80字)	異遺域宇映延沿我灰拡革閣割株干巻看簡危机 揮貴疑吸供胸郷勤筋系敬警劇穴憲権源厳己呼 誤后孝皇紅降鋼刻穀骨困砂座済裁策冊至私姿 視詞誌磁射拾尺若樹宗就従縦縮熟純処署諸将 傷障城蒸針垂推寸聖誠宣専染泉洗奏窓創層操 蔵臓存尊宅担探段暖値宙忠著庁頂潮賃痛展党 討糖届難乳認納脳派拝肺背俳班晩否批秘腹奮 陛閉片補宝訪亡忘棒枚幕密盟模訳郵優幼欲翌 乱卵覧裏律臨朗論 (削除) **壹勸兼釋需仁是俗貳**	絹収衆除 盛善(5年) 激蚕装誕並 暮

이 改訂에서 小學校 國語의 改訂 부분은 다음과 같다.

▽ 말하기나 읽기, 쓰기의 基礎的인 能力을 붙이기 위해 第1·2學年의 授業時數를 週當 1單位時間을 늘린다.

▽ 作文指導는 現行 "總授業時數의 3/10程度"를 고쳐 第1學年부터 第4學年까지는 年間 105單位時間(주당 3單位時間), 第5·6學年에서는 年間單位時間(週當 2單位時間)으로 늘린다.

▽ 學年別 漢字配當數는 現行의 996字를 9字 늘려 1,005字로 함과 동시에 學年配當의 字種·字數를 若干 變更한다.

또한 上下 1學年의 漢字는 學年配當을 變更하여 指導할

수 있도록 한다든지, 上學年의 漢字에 讀音(루비)을 달아 提示할 수 있게 한다든지 等의 彈力化를 꾀한다.

▽ 붓을 使用하는 書寫의 指導時數는 第3學年 以上에 있어서 各各 20單位時間 程度로 하고 있는데 그것을 35單位時間(週當 1單位時間)으로 늘린다.

▽ 教材에 대하여 適切한 話材나 題材를 取擇할 수 있도록 다음과 같은 選定의 觀點을 새로 明示한다.

① 公正하고 適切하게 判斷하는 能力이나 態度를 기르는데 도움이 되는 것
② 生活을 밝게 하고 굳세게 살아가는 意志를 북돋우는데 도움이 되는 것
③ 生命을 尊重하고 남을 생각해 주는 마음을 기르는데 도움이 되는 것
④ 自然을 사랑하고 아름다운 것에 感動하는 마음을 기르는데 도움이 되는 것
⑤ 우리나라 文化, 傳統에 대해서의 理解와 愛情을 기르는데 도움이 되는 것
⑥ 日本人으로서의 自覺을 가지고 나라를 사랑하고 나라나 社會의 發展을 願하는 態度를 기르는데 도움이 되는 것
⑦ 世界의 風土나 文化 등에 理解를 가지고 國際協調의 精神이나 世界的 視野를 기르는데 도움이 되는 것

日本에 있어서도 1866년에 漢字폐지론, 1869년 로마字採用論, 1871년 가나文字 採用주장, 1873년 漢字制限論 등 表音化 운동이 있었으나 明治末로부터 敗戰 前까지의 小學校에서의 教育漢字數는 대체로 1,300字臺였으나 敗戰 직후 國定 6期엔 684字로 半減하였다.

이것은 물론 美國의 입김이 作用한 것이었다. 그러다가 1948년에 881字로 늘어나고 1968년에 996字로 늘어났다가 이번엔 1,005字로 다시 늘어난 것이다.

한편 1948년에 定한 當用漢字(當分間 使用, 앞으로 더 줄이겠다는 뜻이 담김) 1,850字는 1981년 當用漢字 1,945字(人名用까지 合치면 2,111字)로 되었는데, 中學校까지에는 이것의 읽기를 완성하는 것을 목표로 하고 있는 것이다.

3. 現在 韓(北韓 포함)·中(臺灣 포함)·日의 國民學校에서 가르치는 漢字의 數

韓國 : 다만 全南·江原·忠南·仁川·光州에서는 84년 봄부터 市·道 단위로 特活時間 등을 이용하여 漢字指導를 하고 있으며, 서울을 비롯한 其他 地域에서도 校長 所信에 따라 漢字指導를 하는 데가 急增하는 추세임.

中共 : 小學校 語文(國語)에서 2千5百~3千字쯤 가르친다 함.
中共 6年制 「小學課本 語文」에 의하면 生字가 第1冊 260字, 第3冊 450字, 第5冊 389字, 第7冊 194字 등으로 되어 있음.

臺灣 : 國民學校 指導用 漢字總數는 3,026字이고, 國語課本에는 2,838字임.

日本 : 가나와 漢字를 함께 國字로 삼아 全教科書가 漢字 가나 混用이며, 小學校에서 1,005字(1988. 7월에 996字에서 늘어남)의 漢字指導를 하고 中學校까지에 1,945字의 常用漢字를 가르치며 高校까지에 그 읽기와 쓰기의 完成을 期하도록 함.

學年別	韓國	北韓		中共	臺灣	日本
1				750	359(+6)	80
2				850	475 (+12)	180
3				600	487 (+16)	200
4				500	527 (+23)	200
5		國5	高等中學校 中等班4년 1,500	500	484 (+19)	185
6		6		400	506 (+20)	180
中學校	900	中1			( )안의 숫자는 既出字로서 聲調가 다른 漢字數	
		2				
		3	高等班 2년 500			
高等學校	900	高1				
計	0 (中·高 1,800)	(2,000) (大學 1,000)		3,600 (1963년도)	2,838 (+96)	1,005 (1988.7)

〈『畿甸語文學』第3輯, 수원대학교 국어국문학회, 1988.〉

南北韓의 漢字敎育 문제

-現在 韓(北韓포함)·中(臺灣포함)·日의 國民學校에서 가르치는 漢字의 數-

韓國 : 한글전용 교과서로 괄호 안 漢字. 국민학교에서 60字를 가르쳐오다가 한때 국어 교과서에 限해 漢字 露出. 70년 이후 漢字를 없애 오늘에 이름. 다만 全南·江原·忠南·仁川·光州에서는 84년 봄부터 市·道 단위로 特活時間 등을 이용하여 漢字指導를 하고 있으며, 서울을 비롯한 其他地域에서도 校長所信에 따라 漢字指導를 하는 데가 漸增하는 추세임.

北韓 : 광복 후 한글전용교육으로 일관해 오다가 1968년 이후 중학교 1학년(우리 國 5)부터 漢字敎育을 해 왔고 現在는 人民學校 4년은 한글전용교육, 高等中學校 6년(우리 國 5~高1)과 大學에서는 國漢文混用讀本에 의한 3,000字의 漢字敎育이 행해지고 있다 함. (「北韓」誌 1987. 7월호, 東京都立大 강사 許東粲 씨의 글)

中共 : 小學校 語文(國語)에서 2,500~3,000字쯤 가르친다 함.
中共 6年制 「小學課本 語文」에 의하면 生字가 第1冊 260字, 第3冊 450字, 第5冊 389字, 第7冊 194字 등으로 되어 있음. 新出字에는 로마字로 루비를 달아 發音表示를 해줌.

臺灣 : 國民學校 指導用 漢字總數는 3,026字이고, 國語課本에는 2,838字임. 國 4까지만 모든 漢字에 注音字母로 發音表示를

해주고 國 5, 6에서는 新出字에만 발음표시.

일본 : 가나와 漢字를 함께 國字로 삼아 全教科書가 漢字・가나 混用이며, 小學校에서 1,005字의 漢字指導를 하고 中學校까지에 1,945字의 常用漢字를 가르치며 高校까지에 그 읽기와 쓰기의 完成을 期하도록 함.

1. 北韓의 漢字教育

북한은 光復 후 한글전용으로 一貫해 왔는데 64・66년 두 차례에 걸친 金日成 教示에 따라 68년부터 漢字教育이 행해지게 된 것으로 알려져 있다.

현재 중학교에서 교육하고 있는 한자(1968-1969년에 출판된 중학교 한문 교과서 4종에 수록된 한자)라 하여

ㄱ음 價 加 … 240字
ㄴ음 難 揑 … 16字
ㄷ음 多 丹 … 70字
ㄹ음 羅 樂 … 69字
ㅁ음 馬 幕 … 78字
ㅂ음 剝 搏 … 115字
ㅅ음 事 些 … 188字
ㅈ음 仔 姉 … 198字
ㅊ음 且 差 … 109字
ㅋ음 快 … 1字
ㅌ음 他 妥 … 31字
ㅍ음 把 播 … 46字
ㅎ음 下 夏 … 126字
ㅆ음 雙 氏 讎(讐) … 3字
ㅇ음 亞 兒 … 210字

등 총 1500字로 되어 있다. 우리 國 5~中 2 사이에 一千五百字를 가르친다는 것이고, 高等반과 大學까지엔 3千字를 가르친다

는 것이다.(語文硏究 59·60호 참조)

1968년에서 1969년에 출판된 중학교 한문 교과서 4종의 正體는 알 수가 없다.

北韓은 光復 후 64년까지 外國語는 露語교육만을 실시해 오던 것인데 66~67년에 露語와 英語 병행교육을 해 오다가 75년에는 英語위주 敎育으로 轉換하고 77년에는 고등중학교에서 독·불·일·중국어·노어를 제2외국어로 채택했다는 것이다.(北韓總覽 참조)

이것은 金日成이 71년 2월에 「우리는 美·日 제국주의와 싸울 것을 각오해야 한다.」라고 하여 英·日語교육의 필요성을 강조한 뒤의 일인데 64·66 兩次에 걸쳐 南朝鮮에서 漢字를 쓰므로 漢字교육을 해야 한다고 한 뒤에 漢字교육이 시작된 것과 맥락을 같이 한다.

어떻든 70년대에 들어와서 北韓의 漢字敎育이 강화된 것은 사실인 듯한데 83년 3월 「고등중학교 과정안」에 의하면

漢字時間 對比表

	고등 중학 1년 (우리 국교 5년)		고등 중학 2년 (우리 국교 6년)	
	1학기	2학기	1학기	2학기
北韓	2	2	2	1
韓國	0	0	0	0

와 같고 79년 평양에서 발행된 國漢混用으로 된 교과서에는

> 「그러나 오늘의 朝鮮은 어제 날의 朝鮮이 아니며 오늘의 亞細亞는 어제 날의 亞細亞가 아니다. 萬一 日本軍國主義者들이 歷史의 교훈을 잊어버리고 또다시 朝鮮과 亞細亞 侵略의 길에 뛰어든다면 놈들은 自身이 지른 불길 속에서 永永 타죽고야 말 것이다.」
>
> (고등중학 2년용(우리 國6) 제2과 철천지원쑤 p. 40)

와 같이 漢字露出인데 「白주 不비 工事기日 抗거 음凶…」과 같

은 表記를 보임은 日本 小學校 교과서가 하나의 漢字말이 漢字混記式으로 돼 있는 점이 흥미롭다. 教材內容은 共産主義, 金日成 唯一思想의 홍보 책자같은 印象이다.

최근 入手된 國漢混用의 한문교과서는 79년에 발행한 것이다. 때문에 83년 3월의 고등중학교 과정안에 의한 國漢混用의 한문교과서의 正體는 알 수 없다. 79년 발행의 교과서도 유감스럽게 1학년 것은 入手가 되지 않았으므로 부득이 2학년(우리 國6) 것에 限해 소개함으로써 北韓漢字教育의 實狀을 알아 볼 수밖에 없다.

第一課 朝鮮革命의 서광이 비낀 영광의 땅
第二課 한그루 백양나무에 깃든 사연
第三課 불요불굴의 공산주의 혁명투사 강반석어머님의 사랑
第四課 千里길에 수놓아진 깊은 뜻을 새기며
第五課 재미나는 學習토론
第六課 革命의 첫 임무
第七課 革命의 새로운 出發을 알리는 력사적인 宣言
第八課 대덕산에 올린 勝利의 총소리
第九課 할머님의 回想
第十課 萬景峰
第十一課 同志들! 이 총을 받아주!
第十二課 철천지 원쑤
<中略>
第十八課 社會主義完全勝利를 위한 정강의 노래
第十九課 <少年團員들은 勞動을 사랑하여야 합니다>
<中略>
第二十五課 地下資源의 開發者들
第二十六課 決死戰歌
<中略>
第二十八課 우리 世代의 任務
부록 1 새 한자표
부록 2 한자와 한자말

과 같다.

부록 1 새 한자표에는 265字

부록 2 한자와 한자말에는 542字의 漢字와 그에 딸린 漢字말이 실려 있음을 보면 고등중학 1년용(우리 國校 5년)에는 새 漢字 277字가 실려 있을 것으로 보인다. 결국 고등중학 1·2학년(우리 國校 5·6학년)에서 國漢混用 교과서인 한문교과서로 542字의 漢字敎育을 하고 있는 것이다.

1. 부록 1에 새 漢字를 部首別로 갈라 音訓을 보임으로써 部首를 통한 漢字敎育의 效率化를 기하고 있다.

> <心部> 快 상쾌할 쾌 念 생각념 性 성품성 思 생각사 恩 은혜은 息 쉴식 情 뜻정 惠 은혜혜 想 생각상 意 뜻의

2. 부록 2 한자와 한자말에는

> 敎(攵) 가르칠 교 : 敎育 敎室 敎養
> 校(木) 학교 교 : 學校 校內 登校

와 같이 語彙의 확장을 꾀하고 있다.

3. 한자에 대한 基礎敎養敎育을 위한 說明(겹자 갈라보기, 基礎漢字의 機能, 部首의 槪念, 漢字의 構成 등)이 되어 있다.

4. 各課마다 새 漢字의 音·訓과 筆順 指導, 새 漢字말들의 쓰기를 요구하고 있다.

5. 各課마다 '과제'라 하여 多樣하게 문제를 내어 漢字敎育의 深化를 꾀하고 있다.(자세한 것은 89. 3 民族知性, 筆者의 글 참조)

2. 南韓의 漢字敎育

우리 쪽은 어떠한가. 70년 以來 한글전용교육으로 一貫해 오던 때도 국민학교에서 漢字敎育은 復活强化되어야 한다는 주장에 동조하여 特活時間 등을 통해 漢字교육을 해온 所信派들이

없었던 것은 아니다.

韓國語文敎育硏究會의 語文硏究를 중심으로

崔濬文(1호 73·10)	韓麟敎(9호 75·9)
安貞媛(9호 75·9)	李桂南(10호 75·12)
李漢昇(11호 76·4)	李之世(14호 77·1)
金昌武(15·16호 77·8)	吳世慶(17호 77·11)
張喜久(24호 79·11)	金甲植(28호 80·12)
蘇正子(28호 80·12)	姜熙俊(46호 85·4)
郭仁成(52호 86·12)	洪光植(53호 87·4)
許元基(52호 86·12)	嚴京燮(58호 88·8)

등이 敎材를 엮었으며 現場指導를 한 事例 등을 발표하고 있다. 물론 이밖에도 全南, 光州, 江原, 忠南, 仁川, 서울 등 全國에서 特活時間 등을 통해 漢字敎育에 참여하고 있는 것으로 듣고 있다.

국민학교 漢字敎育 具體案으론

具體案 Ⅰ 南廣祐
國民學校 漢字敎育資料 [Ⅰ][Ⅱ][Ⅲ][Ⅳ] (語文硏究 34호 82·6)
具體案 Ⅱ 姜熙俊(京畿國校) (語文硏究 45호 85·4)
具體案 Ⅲ 郭仁成(仁憲國校) (語文硏究 49호 86·3)

등이 소개된 바 있고, 지금도 手中에 있는 것 중 책으로 되어 있는 漢字敎材로는

· 强喜久 재미있는 漢字공부(교과서 낱말 위주로 엮음) (84·4)
· 郭仁成 國民學校 漢字敎材 (84·5)

2학년 以上 1日 1單語 各學年 220單語 총 1,100單語 국어과를 토대로 日常用語 중심

· 仁川教育大學 부속국민학교 (86 · 5)
國民學校用 漢字教育資料

1학년 6월부터 漢字指導를 하되 3학년까지는 국어책에 나오는 漢字만을 漢字로 露出表記하고 下欄의 漢字말에 독음만을 달아 준다.

4 · 5 · 6 학년 국어교과서에 실린 漢字말 중에서 여러 번 나오는 單語를 중심으로 單元 순서에 따라 構成

漢字말에 各 字의 訓과 낱말의 뜻을 풀이해 주는 식. 4학년 百單語 5학년 2百單語 6학년 3百單語로 되어 있음.

· 沈暻錫-그림으로 배우는 어린이 한자로 86년 9월부터는

音과 訓 그림과 얘기를 곁들이고 漢字熟語를 더러 섞는 등 興味를 가지고 공부할 수 있도록 되어 있고 筆順指導에도 留意

· 安瑪-韓國千字文 (87 · 3)

日常生活에 많이 쓰이는 漢字 1千字를 四字一句식으로 엮어 音訓을 달고 各字마다 活用 例나 뜻을 달아줌.

· 郭仁成-現代人의 필수교양

(故事成語) 漢字教材겸용 故事成語 一千個 해석과 漢字에다 音訓을 달았음

· 慶熙國民學校 漢字教育(88 · 3)

漢字의 기초를 닦으면서 국어공부에도 도움이 되도록 엮었는데 국어교과서와 관련지어 순서있게 排列하고 연습문제를 통해 活用度를 높이도록 한다.

· 栗村奬學會 南廣祐(편찬위원 代表) : 「韓國語」全十三권(88 · 12)

<편찬 원칙>

(1) 한글指導를 體系的 · 合理的으로 단기간에 할 수 있게 하였다.

(2) 國漢混用원칙을 段階的으로 漢字指導

읽기(音과 訓) :	1년 50	2년 100	3년 150	
	4년 200	5년 · 6년 各 250		計 1千字
쓰기 : 3년 50	4년 100	5년 150	6년 200	
				計 500

(3) 연습문제나 한자공부 통해 語彙力 向上 배려

(4) 基礎的인 文法과 정서법을 體系的으로 指導

(5) 長短音 된소리 등 국어발음을 바르게 지도하도록 표시

(6) 民族的 긍지를 가지게 하고 先進祖國을 志向하는 氣像을 기를 수 있도록 한다.

各卷末에는 그 책에서의 新出字(한글, 漢字)와 前學期나 前學期까지 배운 漢字와 音 · 訓을 실어 복습자료로 삼게 했으며 3-1부터 略字를 넣어 6학년까지 1百 3字의 略字쓰기를 지도하도록 했다.

또한 自學自習하도록 유도하기 위해 3학년에 辭典찾기, 4학년에 字典찾기를 指導하게 했다.

以上 敎育의 철저를 기하기 위해 교사들의 참고용으로 교사용 「韓國語」지침서 1冊을 엮었다.

*便宜上 南北韓 국민학교 漢字敎育문제만을 다루었다.

〈『새국어교육』 제45호, 한국국어교육학회. 1989. 12. 31.〉

北韓의 漢字敎育 研究

-高等中學校 1~4학년(우리 國5~中2)을 중심으로-

필자가 일본 東京都立大 강사 許東粲씨를 알게 된 것은 월간 '北韓' 1987년 7월호에 실린 "日本에서 본 北韓의 漢字敎育"이란 글을 소개한 '朝鮮日報'(學界, 1987. 7. 1)를 읽고 나서의 일이다.

그 後 1988. 4. 1. 高大亞硏세미나室에서 있은 氏의 "北韓社會敎育制度는 優越한가"라는 강연을 들은 후에 처음으로 인사를 나누었다. 그때 나는 氏의 從兄인 許東垠씨(前 韓國플라스틱社長)가 내 大邱師範 同期임을 밝히고 北韓의 漢字敎育 資料를 얻을 수 없겠느냐고 부탁한 일이 있었다. 그런데 고맙게도 그 후 두 차례에 걸쳐 귀중한 자료를 제공해 주었다.

이 글은 그 資料 중 일부에 의한 것임을 밝혀 氏에게 謝意를 표한다.

최근 入手된 자료는 1983. 3. 교육위원회 보통교육부에서 나온 "인민학교, 고등중학교 과정안"과 1979년 평양 교육도서출판사에서 발행한 國漢混用으로 된 '한문'교과서 고등중학교 제2학년용, 제3학년용, 제4학년용이다.

유감스럽게도 제1학년용은 없다.

위 자료는 朝總聯에서도 구할 수 없는 귀중한 자료라 한다.

Ⅰ. 課程案에 나타난 국어 · 漢文 時間數

인민학교 課程案에 의하면

1. 제 1 학기 9. 1 ~ 12. 29.
   제 2 학기 2. 15 ~ 7. 24.
2. 주당 수업 시간수

	총시수	1 학년	2 학년	3 학년	4 학년
국어	1,142	8	8	7	7
계	3,603	22	22	25	26

국어는 전체의 31.7%의 比率이다. 이것은 改定前 47.2%의 국어 시간에 比해서는 훨씬 줄어든 時間비율이다. (다음 표 參照)

人民學校 教科課程表(北韓總覽 p.1,300)

	1	2	3	4	總時間數
國語	13	14	14	9	1,700
週間授業時間	25	26	26	29	3,604(47.2%)

우리나 日本의 국어時間數와 비교해 보면 거의 비슷해졌다. (우리는 '7 7 7 6'인 바 4年間 週當時間 3時間이 많다.)

고등중학교 課程案에 의하면
1. 제 1 학기 9. 1 ~ 12. 29.
   제 2 학기 2. 1 ~ 8. 11.
2. 주당 수업 시간수

	총시수	1학년	2학년	3학년	4학년	5학년	6학년
국어문학	769	5	5	4	4	3	2
한 문	246	2	2·1	1	1	1	1
외 국 어	496	3	3	2	2	2	2
계	6,626	31	32	32	34	34	34

고등중학교 1학년이 우리 국민학교 5학년에 해당하므로 우리

로 치면 국민학교 5학년에 週 2時間씩, 6학년 1학기에는 週 2時間, 2學期에는 1時間씩 國漢混用讀本으로 漢字敎育을 하고 있으며, 한편 우리로 치면 國 5~6에서는 週當 3時間씩의 外國語 교육을 하고 있는 것이다.

Ⅱ. 國漢混用讀本의 實相

北韓에서 한글 전용 교육으로 一貫해 오다가 漢字敎育을 시작한 것은 1968년도부터로 알려져 있는데 1968년에 發行된 4種의 漢字敎科書에는 1,500字의 漢字가 등장하는 것으로 알려져 있고 大學까지에는 3,000字의 漢字敎育을 한다는 것인데, 그 資料는 '語文硏究'(韓國語文敎育硏究會誌 : 一潮閣 발행) 59·60號에 紹介되어 있다.

이제 다음으로 '79년 평양에서 발행한 漢文敎育用 '國漢混用讀本'을 소개하기로 한다.

1. 우선 그 "차례"를 보면

고등중학교 제2학년용 (우리 國 6)
第一課~第二十八課
부록 1. 새 한자표
부록 2. 한자와 한자말
고등중학교 제3학년용~제4학년용 (우리 中 1~2)
第一課~第二十五課
부록 1. 부수이름
부록 2. 새 한자표
부록 3. 한자와 한자말

과 같은 內容이다.

고등중학교 제1학년용 國漢混用讀本이 入手되지 못했음은 유감이나 제2학년용(우리 國 6) 교과서 차례에 나타난 漢字말은 다음과 같다.

朝鮮革命 千里 學習 出發 宣言 勝利 回想 萬景峯 同志 登錄金 社會主義 完全 少年團員 勞動 無病 高地 黃金山 地下資源 開發者 決死戰歌 日記 世代 任務

제3학년용(우리 中 1) 차례에는

民族 太陽 革命家 學生 偉大 登山隊員 千里馬 故鄕 共和國旗 農村 靑峯宿營地 祖國 南녘 聖山 軍民一致 首領 英雄戰士 盟誓 手記 不屈 鬪志 資本家 詩 山林 兒童 支援 歷史 銃 萬壽

제4학년(우리 중 2)

元帥 朝鮮人學校 敎育 同胞 行軍 昇天入地 農法 宮殿 命令 無條件 貫徹 抗爭 米帝 不朽 古典的名作 反日戰歌 解決 靑春 還甲 黨 怨讐 通信戰士 金剛山 兒童團號列車 鐵길 家庭用品工場 統一

以上에서 보면 漢字敎育 自體에 관해 難易度 등을 고려해서 漢字配定을 한 것이 아니라 敎材內容을 철저히 注入하기 위해 國漢混用으로 漢文敎科書를 엮어 내게 된 것이 아닌가 하는 느낌이 든다. 바꿔 말하면 思想敎育의 徹底를 위해 國漢混用으로 된 漢文敎科書로 漢字敎育을 할 必要性을 깨닫게 된 것으로 보인다. '漢文'이 바로 金日成思想 敎育을 위한 政策的 性格을 띤 道具科目이 아닌가 한다.

2. '부록'을 검토해 보자.

제2학년용(우리 國 6) 부록

1. 새 한자표
2. 한자와 한자말

임을 미루어 제1학년용 부록도 이렇게 되어 있을 것으로 본다.

제2학년용 부록 1 '새 한자표'의 본보기를 보이면 다음과 같다.

(p.81 자료 1)

새 漢字를 部首別로 갈라 音訓을 보임으로써 部首를 통한 漢字教育의 效率化를 期하고 있는 것으로 보인다.

제2학년용 부록 2 '한자와 한자말'의 본보기를 보이면 다음과 같다.

(p.82 자료 2)

그런데 고등중학교 제2학년용 부록 1에는 265字의 새 漢字, 부록 2에는 542字의 漢字와 그에 딸린 漢字말이 실렸었다.

이에 따르면 제1학년용 부록 1에는 새 漢字가 (542-265=)277字일 것으로 본다.

즉 그들은 國漢混用讀本을 통해 우리 국민학교 5·6 학년에

5학년(그들의 고등중학교 1학년)	277字
6학년(그들의 고등중학교 2학년)	265字
계	542字

의 漢字와 그에 딸린 漢字말의 教育으로 語彙의 확장을 期하고 있는 것이다.

제3학년용(우리 中 1) 부록

1. 부수 이름

본보기는 다음과 같다.

(p.83 자료 3)

2. 새 한자표

본보기는 다음과 같다.

(p.84 자료 4)

이 새 漢字表에 들어있는 새 漢字는 238字다.

3. 한자와 한자말

고등중학교 제3학년용 부록 3에는 漢字 783字와 그에 딸린 漢字말이 실려 있다.

제4학년용(우리 中 2) 부록
  1. 부수 이름
  2. 새 한자표

이 새 漢字表에 들어있는 새 漢字는 216字다.

3. 한자와 한자말

고등중학교 제4학년용 부록 3에는 漢字 1,006字와 그에 딸린 漢字말이 실려 있다.

그런데 이 1,006字라는 것이 漢字敎育 自體를 위해 精選된 것으로는 보이지 않으며 앞에서 보인 1960년에 發行된 4種의 漢文敎科書에 등장한 1,500字라는 것도 그런 것으로 보인다.

그것은 4학년용(우리 中 2) 漢文 교과서 부록 3 "한자와 한자말"에 보면 1,006字 外의 漢字가 漢字말 用例에는 들어있는 것이 있다.

1,006字 外의 漢字例 (○표)

金(金) 쇠 금 金銀 公金 代金 稅金 合金 現金 黃金 冶金 入金
(성 김)
及(又) 미칠 급 及其也 及第
鍊(金) 쇠불릴 련 鍛鍊 老鍊 訓鍊

脈(肉) 맥 맥 脈搏 山脈 炭脈
奔(大) 달아날 분 奔走 狂奔
接(手) 접할 접 接見 接近 接續 接戰 待接 熔接
走(走) 달아날 주 走狗 東奔西走
除(阜) 덜 제 除隊 除名 除草 驅除 解除 免除
寒(宀) 찰 한 寒流 寒冷前線 貧寒 酷寒
榮(木) 영화 영 榮光 繁榮 榮譽

위에 든 例中 '熔'字는 1968년 漢文敎科書에 등장했던, 1,500字에도 들어있지 않은 漢字다.

國漢混用으로 된 漢文敎科書의 內容은 철저하게 金日成과 共産主義에 관한 것 一色이다.

本稿에서는 다만 그 漢字敎育에 관계되는 사항만을 알 수 있도록 본보기를 들어 보이겠다.(고등중학교 제2학년용 國漢混用교과서…우리 國 6)

1. 國漢混用으로 本文…본보기(第十二課 철천지원쑤) p.40

> 언제 工事가 한창이던 어느날 勞動安全시설이 不비한 탓으로 큰 事故가 일어났다. 아슬아슬한 虛空 다리우에서 밀車들이 떨어지면서 40여名의 勞動者들이 콩크리트 혼합물에 묻혀버렸던것이다. 多행히 묻히지 않았던 사람들도 떨어지는 車들에 깔리고 후려치는 철창에 맞아죽었다.

2. 漢字에 대한 基礎敎養敎育을 위해서 홑자와 겹자, 기초한자, 옹근자와 줄인자, 부수, 한자의 구성, 한자 찾는 방법 등에 대한 설명이 붙어있다.

3. 各課마다 새 한자와 쓰기차례가 나와 있어 새 漢字의 音·訓과 筆順 指導를 하고 있다.

쓰기指導는 쓰기차례를 보인 것 말고도 새 漢字말들의 쓰기를 요구하고 있다.

4. 各課마다 '과제'라 하여 다음과 같은 것을 課하고 있다.

- 다음 □안에 알맞는 한자를 써 넣으시오.
  ㄱ. 專□專□. □屈. 原□性. □志. 心□
  ㄴ. 誠□□意. □國. □楚. □命性. □席
- 다음 한자들을 서로 대비하고 같은 점을 말하시오.
  思-想-情-惠. 場-堂. 互-亞. 吸-善. 法-源-流-浪
- 다음 글을 읽고 매 한자의 뜻을 말하시오.
  명옥이네 반 동무들은 抗日빨찌산參加者들의 回想記 <항상 部隊관리를 알뜰하게 하여>를 읽고 유격隊員들의 모범을 본받아 學校와 마을, 家庭을 깨끗이 거두며 학습장과 萬年筆 그리고 종이 한장, 鉛筆 한자루라도 아껴쓰기에 노력하고 있다.
- 다음 단어로 국한문으로 된 짧은글을 지으시오.
  未久. 良心. 平凡. 素朴
- 다음 한자와 무어진 단어를 둘이상 써보시오.
  場. 誠. 性. 族. 帝, 地. 運. 至. 命

[자료 1]

[大部]
奇 기이할 기
[女部]
委 맡길 위
始 비롯할 시
[子部]
存 있을 존
季 클 계
[宀部]
宅 집 택(댁)
官 벼슬 관
宗 마루 종
室 집 실
宣 펼 선
害 해로울 해
宮 집 궁
宿 잘 숙
寄 부칠 기
富 부유할 부
實 열매 실
[寸部]
尊 높을 존
[尢部]
就 나아갈 취
[尸部]
局 판 국
屈 굽힐 굴
展 펼 전
[山部]
峯 봉우리 봉
島 섬 도

崇 높을 숭
[巾部]
席 자리 석
帶 띠 대
[干部]
幸 다행 행
[幺部]
幼 어릴 유
[广部]
府 마을 부
度 법 도
(헤아릴 탁)
庭 뜰 정
[廴部]
建 세울 건
[弓部]
强 강할 강
[彳部]
役 부릴 역
後 뒤 후
復 다시 부
(회복할 복)
[心部]
快 상쾌할 쾌
念 생각 념
性 성품 성
思 생각 사
恩 은혜 은
息 쉴 식
情 뜻 정
惠 은혜 혜
想 생각 상

意 뜻 의
[戈部]
戰 싸움 전
[戶部]
所 바 소
[手部]
抗 겨룰 항
拘 거리낄 구
[支部]
支 고일 지
[攴部]
改 고칠 개
放 놓을 방
故 연고 고
敎 가르칠 교
救 구원할 구
敢 구태여 감
敬 공경할 경
敵 대적할 적
數 셈 수
(두이 수)
[斗部]
料 헤아릴 료
[斤部]
新 새 신
[方部]
族 겨레 족
[日部]
是 이 시
景 볕 경
暗 어두울 암

[자료 2]

敬(攵)	공경할	경	敬愛, 尊敬
景(日)	볕	경	景致, 風景, 光景
更(日)	고칠	경	
	(다시	갱	自力更生, 更新
	시간	경)	三更
古(口)	예	고	太古, 古代, 自古
告(口)	고할	고	報告
故(攵)	연고	고	事故
苦(艸)	쓸	고	苦生, 受苦, 苦役
高(高)	높을	고	高尙, 崇高, 高貴
鼓(鼓)	북	고	勝戰鼓
曲(日)	굽을	곡	作曲, 行進曲
谷(谷)	골	곡	山谷
困(囗)	곤할	곤	困難
骨(骨)	뼈	골	骨肉, 氣骨
公(八)	공평할	공	公公然, 主人公
共(八)	한가지	공	共産主義 共同
工(工)	공업	공	工業, 工場, 分工
空(穴)	빌	공	空中, 虛空, 空氣
交(亠)	사귈	교	交代, 外交
敎(攵)	가르칠	교	敎育, 敎室, 敎養
校(목)	학교	교	學校, 校內, 登校
久(丿)	오랠	구	未久, 永久, 長久
九(乙)	아홉	구	九九, 九死一生
具(八)	갖춘	구	道具, 家具
區(匚)	갈피	구	區域, 地區, 區分
口(口)	입	구	人口, 出口, 火口
句(口)	글귀	구	句節, 文句
拘(扌)	거리낄	구	拘束, 不拘
救(攵)	구원할	구	救國
求(水)	구할	구	要求
國(囗)	나라	국	祖國, 國家, 外國

[자료 3]

부록 1

부수이름

(一획)

一 한 일 上, 下
丨 뚫을 신 中
丶 구절찍을 주 主, 丸
丿 삐칠 별 乃, 久
乙(乚) 새 을 九, 也
亅 갈고리 궐 事, 了

(二획)

二 두 이 于, 互
亠 돼지 해(밑) 亡, 交
人(亻)사람 인(인변) 今, 代
儿 어진사람 인 充, 兄
入 들 입 金
八 여덟 팔 公, 六
冂 멀 경 再, 冊
冖 민갓머리
冫 이 수(얼음빙) 冬, 冶
几 궤 궤 凡
凵 입벌릴 감 凶, 出
刀(刂)칼 도(선칼도) 分, 利
力 힘 력 加, 功
勹 쌀 포 勿
匕 비수 비 化, 北
匚 터진입 구
匸 터진에운 담 區
十 열 십 千, 半
卜 점 복 占
卩(㔾) 병부 절 危
(마디절)
厂 집없는엄 호 原
厶 마늘 모 去, 參
又 또 우 友, 取

(三획)

口 입 구 古, 右
囗 큰입 구
(에울 위) 回, 國
土 흙 토 地, 在
士 선비 사 壯
夂 뒤져올 치 夆
夊 천천히걸을쇠
夕 저녁 석 外, 多
大 큰 대 太, 天
女 여자 녀 始, 委
子 아들 자 季
宀 갓머리 守, 完
寸 마디 촌 專, 寺

[자료 4]

[尸部]
屋 집 옥
[山部]
岸 언덕 안
[工部]
差 어긋날 차
[广部]
庫 고집 고
康 편안할 강
[弓部]
引 끌 인
張 베풀 장
彈 탄 탄
[彳部]
征 칠 정
待 기다릴 대
德 덕 덕
徹 사무칠 철
[心部]
忍 참을 인
急 급할 급
怒 성낼 노
怨 원망할 원
恨 한할 한
悲 슬플 비
惡 모질 악
(미워할 오)
感 느낄 감
慈 자애로울 자
愾 성낼 개
慕 흠모할 모
慮 생각 려
憤 분할 분
憎 미울 증
[戶部]
房 방 방
[手部]
打 칠 타
技 재주 기
承 이을 승
持 가질 지
指 가리킬 지
接 접할 접
援 당길 원
搾 팔 착
擊 칠 격
[支部]
收 거둘 수
攻 칠 공
敗 패할 패
[斤部]
斷 끊을 단
[方部]
施 베풀 시
旗 기빨 기
[日部]
星 별 성
智 지혜 지
暴 사나울 포
(폭)
[月部]
服 옷 복
[木部]
板 널 판
械 기계 계
條 가지 조
模 법 모
極 다할 극
樂 즐거울 락
(음악 악)
機 틀 기
樹 나무 수
權 권세 권
[欠部]
欽 공경할 흠
[止部]
武 군사 무
歲 해 세

〈『국어생활』 '89 여름(제17호), 국어연구소, 1989.〉

國民學校 國語教育改善方案研究와 그 資料開發[1)]

1. 文字教育 改善方向

국민학교 교육상 가장 기초가 되는 道具教科는 國語科이며, 國語教育의 주축이 되는 機能은 文字教育에 있다고 하겠다.

現行 國語教科書에 나타난 文字指導는 文章法에 의한 視覺語彙 啓發方式과 反復訓練方法에 의해 實施되고 있는바, 이는 바로 세계적인 趨勢이지 우리 한글의 構造와 特性에 맞는 만족스러운 방법은 아니라고 본다.

우리 祖上들이 中宗 22년 崔世珍의 「訓蒙字會」에 淵源이 있는 半切表에 의해 한글을 익혀온 지 450여 년이나 된다. 우리의 한글 文字構造와 다른 日本이나 西洋文字를 흉내내는 文章法 指導가 가져온 한글 未解得兒가 적잖은 結果를 반성할 때, 한글教育의 方法은 再評價·改善되어야 한다고 본다.

漢字教育 역시 옛날 우리 祖上들이 어린나이 때 「千字文」이나 「類合」·「訓蒙字會」에 의해 漢字教育을 받은 先驗은 과연 一顧의 여지도 없는 것일까?

'한글도 모르는 兒童들에게 어떻게 漢字를 가르칠 수 있느냐?'

---

1) 許元基(仁川 新光國校 教師)와 공동 저술

는 論議가 그럴 듯하게 들릴지 모르나, 그런 것이 아니다. 國語의 70%가 漢字語임을 認識할 때 漢字공부가 바로 국어공부의 지름길임을 알아야 한다.

現行 敎科書에 漢字가 나오지 않는 國民學校 高等年 국어시간에나 기타 敎科 시간에 敎師들이 語彙나 學術用語를 지도할 때, 漢字의 音訓을 직접 指導하여 意味파악에 도움을 주고 있는 現實이니, 中等·高等敎育과 우리의 言語와 文字生活의 측면에서 볼 때, 國民學校에서부터 연계성 있는 漢字의 早期敎育은 필요한 措置인 것이다.

2. 國民學校에 있어서의 文字指導의 目標

한글을 완전히 읽고 쓰게 하며, 基礎漢字 중 900字 안팎을 완전히 읽을 수 있게 하고, 그 뜻을 알도록 한다. 다만, 쓰기는 획수가 적고 쉬운 것을 쓸 수 있도록 권장하는 데 그친다.

3. 國民學校 國語科 學年目標 論議

1學年

(마)項 : 한글 基本音節表에 친숙하게 하고, 한글의 짜임을 파악시켜 읽고 쓰게 하며, 常用基礎漢字 40~50字를 읽게 한다.

2學年

(마)項 : 한글 基本音節表에 익숙하게 하여 重母音과 받침글자를 읽고 쓰게 하며, 常用基本漢字 80~100字를 읽게 한다.

3學年

(마)項 : 한글 基本音節表를 응용하여 重母音·된소리·받침글자 등 모든 글자를 확실히 읽고 쓰게 하며, 常用基礎

漢字 120~150字를 읽게 한다.

4學年

(마)項 : 한글 字母의 구조를 다양하게 응용하여, 文字를 읽고 쓰는 데 익숙하게 하며, 常用基本漢字 200字 정도의 읽기와 100字 정도를 쓸 수 있는 初步的 機能을 숙달시킨다.

5學年

(마)項 : 文章의 읽기와 쓰기 기능을 더욱 충실히 하여 글의 主題나 要旨를 정확히 파악할 수 있게 하고, 常用基礎漢字 230자 정도의 읽기와 150자 정도의 쓰기에 기초 기능을 익힌다.

6學年

(마)項 : 文章의 읽기와 쓰기의 응용기능을 길러 생활에 적용할 수 있게 하고, 常用基礎漢字 250字 정도의 읽기와 200字 정도의 쓰기 기능에 충실을 기한다.

이상의 學年目標가 現行 國民學校 教育課程 學年目標에 삽입 또는 수정·보완되어야 할 필요와 이에 따른 指導指針이 마련되어야 한다고 본다.

4. 文字教育의 方法

(1) 한글教育의 方法

① 入門期 한글지도의 方法
② 한글의 基礎的 指導方法
③ 學年別 구체적 指導方法

} ('한글의 能率的 學習方法' 參照)

(2) 漢字教育의 方法

① 現行 國語教科書 原文을 살리되, 選定된 漢字말을 漢字로

써서 그 읽기지도에 중점을 두어 지도하고, 아울러 낱자의 音과 訓을 가르친다.

② 漢字選定方法

i) 學習上 有用性과 實生活 活用度, 읽고 쓰기에 간편한 常用漢字 중에서 4학년까지는 中學校用 基礎漢字 900字 중에서 選定하고, 5·6학년에서는 高等學校用 基礎漢字에서도 選定한다.

ii) 全 敎科書를 分析하여 漢字말 중 上記 i)項의 基準에 의해 選定한다.

③ 漢字指導時間 運營

i) 국어시간에 漢字말 지도와 每單元 '공부할 問題' 지도시간을 활용한다.

ii) 아침 自習時間을 10~20분 割愛하여 音·訓을 반복 훈련시킨다.

iii) 特別活動·클럽活動 시간에 소질을 계발하고 優秀兒 敎育에 힘쓴다.

iv) 書藝指導 內容으로 漢字를 選定 지도한다.

④ 指導資料의 開發

i) 별첨 國民學校 漢字敎育資料 參照

ii) 漢字學習紙 開發

iii) 掛圖作成活用—部首別·音別·部門別·反對語와 類似語

iv) 漢字 카드 製作活用—前·後面 活用

⑤ 學習興味를 誘發하기 위한 象形·指事·會意 原理를 適用한다든지 카드놀이 등을 實施한다.

⑥ 課題學習으로 造語訓練, 地名·人名·校名·食口 이름·住所 등 읽고 쓰는 訓練을 한다.

⑦ 字典活用方法을 指導한다.

⑧ 其他事項

i) 敎師들의 資質向上과 理論的 次元에서 漢字早期敎育의 必要性 認識

ii) 學父母들의 認識啓蒙

iii) 行政的으로 語文政策의 一貫性維持

<參 考 文 獻>

南廣祐, 「國語問題管見」, 「語文硏究」 15·16 合併號, pp.38~53(1977. 8).

李應百, '한글 構造에 따른 入門期文字指導', 「語文硏究」 15·16 號, pp.54~63(1977. 8).

李應百, '國語의 「基本音節表」에 대하여' 「金亨奎博士古稀紀念論叢」, pp.359~386.

〈『國民學校 漢字敎育 方案』, 34回 創立 13週年記念 語文講演 硏究發表大會, 韓國語文敎育硏究會, 1982.〉

中高校 國語科教授法 改善의 바른 길

教授法의 능숙 여부가 教育效果에 영향을 끼칠 것은 물론이다. 그러나 그 教授法이란 오랜 경험에서 自得해지는 것이 아닌가 한다.

教育에 대한 使命感과 熱意가 있으면 그 방법은 스스로 열린다고 나는 생각한다. 技巧를 익히려 할 것이 아니라 國語에 대해서, 國語 教科書에 담긴 내용에 대해서 많이 알아야 되고 옳게 알아야 한다. 그것이 "國語科 教授法 改善의 바른길"의 관건이라고 생각한다.

현재 中學校에선 作文과 文法이 「국어」의 익힘문제 속에 포괄되어 있기 때문에 中學校 教師의 경우, 一元化해서 지도할 수 있는 능력을 갖추도록 自體硏修를 게을리 해서는 안 된다.

漢文이 독립되어 있으나 국어教師로선 그 漢文科目을 담당하는 教師건 그렇지 않은 教師건 당연히 그 교과서는 공부해 두어야 옳다고 생각한다. 국어교과서에서의 漢字指導와 連繫性이 고려되어야 하겠기 때문이다.

高等學校의 국어 I, II(現代文學·古典文學·文法·作文)그리고 漢文 I, II를 필수 또는 선택으로 이수하기로 되어 있는데 각 담당 분야에 더 重點이 주어지겠지마는 특히 국어 I 의 경우는 누구나 담당할 수 있어야 하기 때문에 종합적(現代文學·古典文學·文法·作文)인 次元에서 國語教師로서의 素養을 갖추고 있어야 함은 물론이다.

中·高校 국어科 教師로서 생각해야 하고 自己硏修를 해야 할 國語科 教授法 改善의 바른 길은 무엇인가를 제시해 보고자 한다.

I. 自律學習으로의 誘導

'過保護'란 말이 있다. 지금 학부모들이 너무 지나치게 子女를 사랑하는 나머지 오히려 子女들을 나약하게 만들고 自立의 意志를 상실케 하는 경우가 허다하다.

오늘날 우리 학교교육은 학급당 학생 수의 過多나 타성적인 教授方法으로 '教師중심'의 교육으로 一貫되어 온 것이 아닌가 自省해 본다.

물론 自律學習이라 해서 放任한다는 뜻은 아니다. 어떻게 생각하면 教師중심으로 열심히 가르치면 가르친 내용만큼은 학생들이 理解가 되어 效果가 있을 것이다.

그러나 一例로 낱말의 뜻을 가르치거나 漢字의 音訓을 가르치고 그 造語나 發音을 가르치는 등 하다보면 시간이 모자라는 것이다.

이런 教授法을 탈피해 보자는 것이다. 물론 공부하는 방법은 가르쳐 주어야 할 것 이다.

이런 作業, 뜻풀이나 漢字의 音訓이나 그 造語나 發音 조항같은 것은 辭典, 字典 찾기 훈련으로 넘기면 되는 것이다.

自律學習의 결과를 點檢하고 잘한 학생에게는 칭찬을, 못한 학생에게는 주의 환기와 격려를 잊어서는 안 된다. 문제는 教師의 熱意와 끈기가 自律學習으로 誘導하는 要諦가 되는 것이다.

국어辭典 찾기는 국민학교 3, 4학년에, 漢字字典 찾기는 4, 5학년에서 指導를 시작해야 된다고 생각 한다.

舊國民學校 국어교과서에서는 4-1에 '사전'이란 科가 있어서

'사전 찾는 방법'을 공부하기로 되어 있었다.

내 記憶으론 내가 다닌 대구사범에선 入學하자마자 '大字典' '廣辭林'이란 字典·辭典을 신입생 모두에게 사게 했던 것이다.

中·高校生 모두에게 국어사전·字典은 반드시 사서 가지고 다니도록 指導할 것이며 家庭에서도 책상머리에 두어 언제든지 모르는 漢字, 모르는 말이 있으면 찾아보도록 生活化해야 한다. 욕심 같아서는 高校生들에게는 俗談辭典이나 古語辭典 등을 이용해서 우리 國語공부의 深化, 우리 古典을 自力으로 읽을 수 있는 힘을 붙이도록 했으면 더욱 좋겠다.

Ⅱ. 三多生活로의 誘導

많이 읽고 많이 짓고 많이 생각하는 多讀 多作 多商量의 三多가 훌륭한 文章을 짓는데 필요한 條件임은 널리 알려진 사실이다.

(1) 國漢混用으로 日記를 쓰일 일, 計劃과 反省을 위해서도 좋고 文章力을 기르고 맞춤법의 熟達과 漢字쓰기를 익히기 위해서도 좋다.

(2) 新聞 읽히기, 小說도 읽고 連載物이나 時事評論이나 社說을 읽힌다. 時事評論을 읽고 느낌을 써보기도 하고 社說을 읽어 그 論旨를 간추려 보기도 하며 모르는 말이나 漢字는 辭典·字典을 찾아보도록 指導한다.

(3) 讀書指導를 하고 讀後感이나 줄거리를 요약하게 한다. 敎科書에 나오는 敎材를 철저히 익히는 것은 물론 一次的인 문제다. 그러나 敎科書만의 교육으로 국어교육이 끝나는 것은 아니다. 隨筆, 小說 등 多讀도 좋지만 東洋의 典籍(明心寶鑑·小學·論語 등)이나 우리의 古典作品(時調·歌辭·高麗歌謠·小說 등), 西歐의 名作 등 스스로 접근할 수 있게 해야 한다. 이런 讀書로 多商量하게 되어 人生은 익어가게 되는 것이다.

(4) 讀書案內를 한다.

국어과를 중심으로 해도 좋고 全校次元으로 讀書案內위원회 같은 것을 조직하고 각 학년별로 권장할 冊을 選定하여 讀書를 권장하도록 한다. 그리고 讀後感 등을 쓰게 하고 優秀者에게는 施賞을 한다(1년 1회 혹은 1학기에 한번).

(5) 各種文型으로 글을 짓게 한다.

文藝指導班 등을 두어 作品을 公募해서 優秀作, 또는 個人의 作品集(글모음)같은 것을 紹介하는 기회를 마련하고 施賞한다.

Ⅲ. 體系的·綜合的으로 指導

(1) 새로 개정될 맞춤법이나 표준말, 外來語표기법의 내용에 대해 綜合的으로 概括해서 가르쳐야 될 것이다.

다음은 특히 지금까지의 中·高敎育에서 소홀히(?) 되어 왔던 發音敎育과 漢字敎育에 대해 重點的으로 말하려 한다.

(2) 發音指導例:

학교入學 前의 發音指導가 바람직하나 그것은 바라기 힘든 현실정이고 국민학교에서 약간 발음지도가 배려되고 있는 것으로 안다.

中高校에서 發音敎育은 深化되어야 한다. 連綿한 傳統發音의 계승은 文化民族으로서의 矜持다.

※순우리말의 긴소리를 一括해서 가르친다.

:가치(까치) :거머·리 :거즛(거짓) :게(蟹) :겨집(계집)
:곰(熊) :굼병(굼뱅이) :기지게(伸) :깁(絹) :널(板)
:네(四 넷) :다(皆) :돗귀(斧, 도끼) :돈(錢) :둘(二)…
(『韓國語의 發音研究』[I], p.96)
:굵고 :쟈·가 :만·코 :언·게 :곱거·늘 :업·서 :됴커·나…
(『韓國語의 發音研究』[I], p.97)

:걷다(步) :굽다(炙) :깁다(補) :덥다(署) 말다(止) :묻다(問)

:물다(徵)… (『韓國語의 發音硏究』[Ⅰ], 94)

※漢字말의 긴소리를 一括해서 가르친다.

ㄱㄹㅂ 받침의 漢字는 모두 짧다.

가…긴소리 可假架 …

짧은소리 家歌加價 …

거…긴소리 去巨擧距拒據 …

짧은소리 居車

기…긴소리 岐(生)

짧은소리 己記記期基飢技紀旗奇寄… '妓生'의 '妓'만이 '긴소리'

사…긴소리 史使四死事 …

짧은소리 師私寺社寫

전…긴소리 戰展電錢轉 …

짧은소리 前全田傳專 …

정…긴소리 正定整鄭 …

짧은소리 政丁情貞庭情亭 …

(『韓國語의 發音硏究』[Ⅱ], p.471~)

將 긴소리 將帥 將校 將兵 將星 將卒…

짧은소리 將軍 將來 將次

强 긴소리 强制 强盜 强勸 强奪 …

짧은소리 强弱 强點 强國 强權 …

以下略

※ 사이된소리의 指導를 한다.

사이된소리 肺病 風病 心臟病 流行病…

예사소리 重病 問病 疾病 熱病 …

사이된소리 公的 單的 私的 知的 …

예사소리 人間的 生産的 客觀的 主觀的 …

사이된소리 驚氣 狂氣 人氣 貧血氣 …

예사소리 景氣 空氣 士氣 電氣 血氣…

이 밖에 모든 發音관계에 대해서는 拙著 참조.

『韓國語의 發音研究』[Ⅰ]-순우리말과 漢字말의 標準發音을 중심으로-, 一潮閣.

『韓國語의 發音研究』[Ⅱ] 常用漢字 및 漢字말의 표준발음 研究-긴소리·사이된소리를 중심으로-, 仁荷大出版部, 84. 12 발행

『한국어 표준발음 사전』(이철수·유만근 共編著), 한국정신문화연구원, 84. 11 발행.

(3) 漢字指導例:

① 訓蒙字會식……‘身體’ 부문에

身體顏面形容頭首頂額眼目眉肩脊口舌唇齒臂掌指喉咽耳鼻心肝肺腸胃膽腎胸背腰膝尿髮腹呼吸息膚骨足脚影音聲性情志意哭冷笑淚血汗便糞眠夢覺….

· 표의 ‘月’ 은‘육달월’ 즉 肉體의 뜻이 있음.

×표의 ‘口’는 ‘입’과 관계있는 글자.

② 新增類合식….地理

山川溪峰丘岸巖樹林泉洞谷池郊野田原水火鹿沙石泥土海島江湖浪波草木鳥獸

·표는 ‘氵삼수변 물수水변’,‘물’과 관계있는 글자들.

③ 部首別

계집녀女변(妻姉妹婦婚娘….) 얼음빙冫이수변(冬冷凉凍…) 비우雨(雨雪雲電霜雷霧….)

④ 漢字音別

기(己記起紀忌其期基旗欺幾機譏奇寄騎氣技既豈棄祈企飢器妓)

·표는 ‘己’, ×표는 ‘其’가 音부분

⑤ 訓이 反對거나 비슷한 것

高低 長短 廣狹 晝夜 明暗 吉凶 禍福 優劣 勝敗 善惡 强弱 虛實 京鄉 發着 集散 昇降 斷續 始終 早晩 尊卑 可否 得失 朝夕 起伏 問答 輕重 深淺 眞假 攻防 出缺 安危 主從 表裏 生死 古今 往來 新舊 送迎 功過 正誤 順逆 動靜 有無 進退 貧富 貴賤 是非 曲直 授受 難易……

思慮 感想 慈愛 憂愁 意思 怨恨 心情 堅固 家庭 知識 肉身 尺度 茂盛 技藝 永遠 恒常 扶助 硏究 施設 神仙 皇帝 仁慈 淨潔 申告 精誠 到達 崇高 洞里 佛寺 希願……

등을 漢字로 써서 가르치면 反對나 類義槪念이 쉬 파악되고 思考力이 伸張된다.

⑥ 本籍·現住所·學校 이름, 自己姓名·本貫·父母 이름이나 家族 이름 學校 선생님이나 친구 이름, 愛國歌·校訓·級訓·時事的인 標語 등 生活環境이나 周邊事項에서 漢字指導資料를 취한다.

⑦ 部首別 漢字音(長短音별 포함)別로 字典을 利用하여 漢字를 自力으로 익히도록 勸奬하고 한 달에 한번 정도의 試驗으로 成長을 확인하여 칭찬한다.

⑧ 하루에 한 字의 漢字를 提示하여 그 漢字가 들어가는 말을 쓰게 하고 꼬리달기 式으로 漢字말을 쓰게 한다.

例 : 生 生活 活動 動物 物理 理科 科學 學校 校長 長官…

이 경우, 漢字를 모를 경우 辭典을 이용해서 하도록 해도 좋다.

Ⅳ. 교과목표를 늘 되새긴다

새로 마련된 중학교 教育課程(제5차)에 의하면 그 教育目標는 다음과 같이 되어 있다.

> "國語生活을 바르게 하고, 국어와 민족의 言語文化에 대한 理解와 관심을 가지게 한다.
> ① 말과 글을 통하여 생각과 느낌을 正確하게 표현하고 理解하게 한다.
> ② 국어에 관한 기초적인 知識을 익히고, 국어를 正確히 사용하게 한다.
> ③ 문학에 관한 기초적인 知識을 갖추고 作品 鑑賞力과 想像力을 기르게 한다."

로 되어 있다.

그리고 各學年別 목표나 내용도 적혀 있다.

그런데 말과 글을 통하여 생각과 느낌을 正確하게 표현하고 理解하게 하려면 무엇보다도 漢字教育의 徹底를 期하는 것이 先決課題라고 생각한다. 국어의 70%를 占하고 있을 뿐만 아니라 순우리말이 生活用語 중심임에 比해 學問, 藝術, 宗教, 道德 등 文化 각 분야의 用語들이 漢字語 중심인 것이다.

따라서 漢字語의 母胎인 漢字教育을 體系的으로 해야 하며 그 漢字教育으로 語彙擴充을 꾀해야 한다.

국어교육에서 "말하기·듣기·읽기·쓰기·국어·문학"의 均衡性이 고려되어야 한다.

Ⅴ. 끝맺음

「中高校 國語科教授法 改善의 바른 길」이라 해서

① 自律學習으로의 誘導
② 三多生活로의 誘導
③ 體系的·綜合的으로 指導
④ 教科目標를 늘 되새긴다.

를 들었다.

그런데 文敎當局에 要望사항이 있다.

(1) 大悟覺醒해서 國漢混用교육 推進에 적극적이길 强力하게 촉구 한다.

한글과 漢字는 함께 國語를 적어온 國字다. 각각 長短點이 있으므로 採長補短하여 國漢混用하는 정책이 賢明하다.

北韓에서 조차 漢字敎育을 하고 있지 않은가.

1971년 9월 이미 "國民學校부터 漢字敎育을 단계적으로 하는 것이 좋다"는 우리 나라 最高知性의 殿堂인 學術院의 答申과 1978년 7월까지에 주요 73個 학술단체와 345명의 學界·敎育界·言論界·法曹界·文壇 有志의 支持가 있었고 言論이 한결같이 이를 支持해 왔다. 第5共和國 出帆 이후로도 國民學校 漢字敎育復活과 國漢混用敎科書 편찬을 바라는 建議書는 1981. 5. 31 尹潽善·李熙昇·李丙燾·兪鎭午·李崇寧·金甲洙·盧基南·金東里·徐延柱 등 各界人士 2,072명을 비롯 8次까지 총 4,571명(84. 8. 31 현재), 韓國語文敎育硏究會語文敎育是正促進會 連署로 총 8,568명(84. 11. 13)의 建議가 있었다. 그 후로도 第5次 敎育課程 개편에 즈음하여 관계 학술단체 (韓國語文敎育硏究會·韓國國語敎育硏究會·국어국문학회·국어학회·한국국어교육학회·韓國語文敎育學會의 6개 학회·한글학회를 제외한)의 建議나 國政諮問委員, 前職總理·長官, 前現職大學校總長, 學藝術院會員, 學術文化團體長, 學者, 敎授, 前現職國會議員, 社會團體長, 辯護士 등 1,079名의 建議, 成均館全國儒道會總本部의 建議 등이 잇달았다.

뿐만 아니라 漢字敎育을 실시한 학교 學父母들의 反應은 90% 찬성으로 극히 肯定的이라는 것이다.

그리고 이 漢字敎育으로 敎育效果를 高揚하려면 모든 교과서를 國漢混用으로 해야 되는 것이다.

⑵ 入試制度를 改善해야 한다.

高入·大入試에서의 選拔權은 學校로 돌리는 것이 원칙이라 생각한다. 또 하나 客觀式 考査法이 止揚되어야 한다. 최근 敎改審의 노력이 있는 것으로 안다.

지금까지 우리 나라 敎育이 量的으로 發展한 것은 사실이나 質的인 發展이 이에 뒤따르지 못한 三大要因을 나는

① 한글전용敎育
② 客觀式考査法
③ 中央集權制

라고 해 왔다. 이 생각은 지금도 변함이 없다. 이런 要因이 하루속히 除去되고 敎育이 正常化되기를 念願한다.

⑶ 國語敎科書도 하루 빨리 檢認定制로 돌아가야 한다. 墮性에 安住할 것이 아니라 先進祖國으로의 志向에 발맞추어 나가는 意義의 改革이 요청된다.

以上 要望사항이 國語科敎授法 改善의 바른길과 直結됨은 물론이다.

〈『語文硏究』 제55호, 韓國語文敎育硏究會, 1987.〉

한글과 漢字의 體系的 敎育方法의 一考察(Ⅰ)

-開化期敎科書의 분석을 통해-

序

現行 국민학교의 국어교과서는 순한글이다. 漢字말 투성인 현실에서 그 母胎인 漢字疎外의 국어교육이 正常的일 수는 없다. 한글전용교육의 非能率性이나 폐단은 이제 재론의 필요가 없을 것이다.

日本에선 '가나'와 漢字와를 함께 國字로 삼아 漢字가나混用體制가 확립되어 있다. 小學校에서 1千字, 中學校까지에 1945字의 常用漢字敎育으로 세계 第一의 讀書國民이 되어 知力戰에서 優位를 占하고 있지 않은가.

漢字專用의 中共도 고민은 있으나 小學校에 入學 직후에는 漢字에 로마字로 루비를 달아 60時間(週 12X5)쯤 표준발음 指導를 하고는 國語교육을 하는데 小學校 졸업까지에는 2千5百~3千字쯤은 가르친다는 것이다.

臺灣은 中共과는 달리 入學 직후 首冊이라 하여 別冊으로 10週(週 12X10)동안 注音符號에 의해 표준발음指導를 하고는 國語敎育을 하는데 4학년 교과서까지는 注音符號가 달려있다. 6년 동안에 배우는 漢字는 역시 2千5百字 以上이요, 3千字에는 未達

이다.

北韓은 人民學校 4년 동안 한글로만 국어교육을 받는 것은 이쪽과 같은데 中學校(1학년이 이쪽 국민학교 5학년에 해당)에서 漢文교육을 한다는 것이고 人民學校 1·2학년은 總授業시간 24時間 중 그 半 以上인 13時間이 국어라는 것이다. 이점 국어교육(漢字教育 포함)에 관한 限 우리보다 낫다고 할 수밖에 없다.

이제 先進祖國을 志向하는 이 마당에 同文化圈의 中共·日本의 跳躍에 뒤질 수는 없다. 文化交流로나 交易上으로나 傳統文化의 繼承으로나 知力戰에나 옛文化民族의 긍지를 되살리기 위해서도 讀書하는 국민을 양성하는 교육이 펼쳐져야 하겠다.

또 하나, 바른생활이 도덕·국어·사회의 統合教科書의 性格이어서 한글의 體系的 指導를 하기에는 不適하다. 곧 教育課程이 改編되고 89년 봄에는 새 教育課程에 의한 국민학교 교과서가 나오리라 한다.

새 教育課程에 의한 국민학교 教科書 편찬 때 一助가 되기를 念願하면서 管見을 펴보려 한다.

前국어교과서와 現바른생활 교과서

1972년 11월에 처음으로 지은(初版) 국어 1-1은 本文 109面에, 부록으로 '새로 나온 낱말'이라 해서 pp.110~112에 실었다.

1. 우리 나 너 우리 우리 나라 대한 민국(pp.14~15)
2. 우리들은 1학년 가자. 기영아. 순이야(pp.16~17) 기영아 가자. 순이야, 가자. 안녕. 순이야, 안녕. 안녕. 기영아, 안녕(pp.18~19). 안녕하셔요? 선생님, 안녕하셔요? 기영아, 안녕. 순이야, 안녕(pp.20~21). 이 기영, 예. 김 순이. 예(pp.22~23). 놀자. 기영아, 놀자. 놀자. 순이야, 놀자(pp.24~25).

처음부터 單語 몇 개를 보이고는 文章이 나온다.

p.14에 글이 나오는데 字母나 받침에 대한 配慮없이 基本音節表에도 없는 音節字가 쏟아져 나온다. 대한(p.15) 민국(p.15)들은 학년(p.16), 영순(p.17), 안녕(p.19), 선생님(p.20), p.35에는 '있', p39에 '잤', p.40에는 '떴', p.45에는 '빽' 그것이다.

책을 읽어가는 가운데에 자연스럽게 글자를 알게 하자는 方式인 듯하다.

해방 후, 1948. 10. 15일 문교부 발행 「바둑이와 철수」「국어 1-1」이후, 오늘날에 이르기까지 一貫해서 이러한 국어교과서에 의한 교육이 행해져 온 것이 아닌가 한다.

文字指導를 의식한 것은 p.37에 '같은 글자 찾기'라 해서

가	자 가 거 차 다
수	주 두 수 우 무
아	이 어 아 야 예

가 있고 '글씨쓰기'라 해서

기 니 이 사 머(p.49)
카 다 하 자 마(p.59)
야 여 래 체 피(p.71)
고 노 도 로 소(p.81)
두 무 수 주 우(p.91)

가 나 다 라 사
고 노 도 로 소(p.99) } ㅏ母音과 ㅗ母音指導를 목적으로 한 것.

빠 쁘 써 쓰 따 또(p.109)>된소리 'ㅃ ㅆ ㄸ'과 母音 ㅏ ㅡ ㅓ ㅗ 指導를 목적으로 한 것.

가 나온다.

국어 1~1, 1~2, 2~1, 2~2에 나오는 新出音節字 數는 다음과

같다.

1~1 293字, 1~2 211字 計 504字
2~1 165字, 2~2 107字 計 272字 > 總 776字

現行 敎科書 바른생활 1·2학년용은 도덕·국어·사회의 統合 敎科書로 週當 11시간에 다루기로 되어 있다.

그 1~1은 4·6倍版으로 本文은 121面이요, 부록으로 새로 나온 말 pp.122~127과 p.128에 基本音節表가 나온다. 앞 敎科書에 比해 卷末에 基本音節表가 들어 있는 것은 文字敎育面에서 進一步다.

1. 單元 '파란 하늘'부터 文章式이다.

1. 파란 하늘 　하늘, 파란 하늘(p.4)
파란 하늘에 우리 태극기(p.5)
태극기를 답니다. 우리 태극기(p.6)
애국가를 부릅니다. 우리 애국가(p.7)
무궁화가 핍니다. 우리 무궁화(p.8)

첫課에 '태극기·애국가·무궁화'가 나오고 希望의 象徵이라 할 수 있는 '파란 하늘'이 나오는 것도 좋다.

文字指導에 대한 配慮가 72년版 국어 1~1에 比해 前進的이다.

ㄱ ㄴ ㄷ ㄹ
ㅏ ㅑ ㅓ ㅕ
나 너 } p.9

ㅁ ㅂ ㅅ ㅇ ㅈ
ㅗ ㅛ ㅜ ㅠ
나무야 무
자라라 라 } p.15

ㅊ ㅋ ㅌ ㅍ ㅎ
ㅡ ㅣ ㅔ ㅐ
파란 하늘
태극기

우리 나라

p.23

ㅓ 5월
소풍 풍
어린이날
어버이날 버

산이 모두
푸릅니다.

p.43

ㄵ 앉았습니다
ㄶ 많이
ㅘ 왔습니다

여우가 학을
부르러 왔습니다

p.63

ㄲ 함께
ㄸ 떨어졌군요.

많은 사람이
모여 삽니다.
서로 도우며
삽니다.

p.81

아버지
어머니
인사 사
청소 소
저금 금
부지런합니다
튼튼합니다

p.31

ㅚ 되었습니다
ㅆ 있습니다
고마운 분들

학교 가는
길은 즐겁습
니다.

p.53

ㅟ 뒤었습니다
ㅄ 없다
ㄺ 읽고 읽

나도 조용히
그림책을 보았
읍니다

p.71

ㅃ 빨리 뻘뻘
ㅉ 깜짝

토끼는 뛰어
갑니다.
거 북 이 는
기어갑니다.

p.91

ㅏㅓㅗㅜㅡㅣ

ㄱ 가거고구그기
ㄴ 나너노누느니
ㄷ 다더도두드디
ㄹ 라러로루르니
ㅁ 마머모루므미

p.70

ㅏㅓㅗㅜㅡㅣ
ㅋ 카커코쿠크키
ㅌ 타터토투트티
ㅍ 파퍼포푸프픠
ㅎ 하허호후흐히

p.90

ㅏㅓㅗㅜㅡㅣ

ㅂ 바버보부브비
ㅅ 사서소수스시
ㅇ 아어오우으이
ㅈ 자저조주즈지
ㅊ 차처초추츠치

} p.80

와 같은 것이 그것이다.

이 밖에도 文章을 書寫하도록 해서 글자쓰기 연습을 꾀한 것은 p.99, p.111, p.121에도 나타난다.

以上에서 보면 基本音節表가 卷末에 붙어 있으므로 敎師가 이것을 活用하면 一次的으로 基本音節表가 나타난 音節字의 習得은 卷 1~1에서 끝나는 것으로 보아도 좋다. 뿐만 아니라 된소리와 받침(겹받침 일부 포함)의 指導도 意圖的으로 되어 있음을 알 수 있다.

한글指導는 體系的으로

그런데 統合敎科書라는 基本性格上 그런 것인지, 아니면 日語敎科書 혹은 英語敎科書가 外見上 文章으로 시작되어 있는 것을 모방해 온 타성인지 모르나 文章으로 시작한 것은 많은 音節文字를 가지고 있는 우리 국어교과서로서는 不適한 방법임을 지적않을 수 없다. 바른생활에서 文字指導를 留念한 것이 분명하지만 미흡하다는 애기다.

바른생활 1~1, 1~2, 2~1, 2~2에 나오는 新出音節字數는 다음과 같다.

1~1 421字, 1~2 229字 計 650字
2~1 183字, 2~2 75字 計 258字
} 總 908字

여서 前국어교과서 1·2학년용(72, 73년 발행) 總 776字가 나와 있음에 比해 얼마간의 음절자가 늘기는 했으나 實用音節字의 半에도 못미쳐 文字指導上 不適함은 한가지다.

그것은 한글字母가 24字母라고 하지만 初聲과 中聲을 合用(가나다라……), 또는 終聲(받침)을 합한 (각낙닥락……) 音節文字로 實用된다는 점이 로마字와 가나와는 다르기 때문이다. 現用되는 初聲글자 19(子音 14字와 ㄲㄸㅃㅆㅉ), 中聲글자 21(母音 10字와 ㅐㅒㅔㅖㅚㅟㅢㅘㅝㅙㅞ), 終聲글자 7(現用 받침은 28개지만, 代表音 ㄱㄴㄷㄹㅁㅂㅇ)만으로도 19X21X7=2,793字가 되는 바 體系的인 글자 指導方法이 모색되어야 하는 것이다.

過去의 우리 文字指導

그러면 우리 祖上들은 어떻게 文字指導를 해왔던가. 한글은 反節表에 의해 지도해 왔던 것이다.

필자는 中學校 國語敎育의 綜合診斷 <중학생 11.9%가 한글을 모른다>를 읽고 -國語敎育의 問題點을 생각해 본다[1]에서 세 가지 問題點이라 해서

1. 한글指導의 方法이 잘못돼 있다.
2. 한글맞춤법이 어렵다.
3. 漢字疎外한 한글만의 국어교육이 있다.

고 診斷하고 "한글指導의 方法은 이렇게"라는 小題下에 한글指導에 있어 4백여 년의 歷史를 가진 反切表(音節表)에 의한 指導方法이 再評價되어 실험되기를 바란다[2]라고 했다.

反切表란 中宗 22년(1527) 崔世珍의 「訓蒙字會」에 淵源이 있는 것이라 하겠는데, 그 凡例에 보면 諺文字母라 하여 한글 字母를 들어 놓고 初中聲合用作字例라 하여

1) 拙著, 「國語學硏究」, 二友社, 1975. 8. 10, pp.194~210.
2) 上揭書, p.199.

가갸거겨고교구규그기ᄀᆞ

를 든 다음

'가'字에 ㄱ받침을 하면 '각'字 가 된다 하고, 初中聲 三聲合用作字例라 하여

간갇갈감갑갓강

을 들어 있다. 이것이 뒤에 오랫동안 民間에서 한글 敎育用으로 쓰이던 反切表의 淵源이 된 것이라 하겠다. 그 뒤 오랫동안

*ㄱㄴㄷㄹㅁㅂㅅㅣㅇ

가갸거겨고교구규그기(ᄀᆞ)과궈
나냐너녀노뇨누뉴느니놔눠
다댜더뎌도됴두듀드디돠둬
라랴러려로료루류르리롸뤄
마먀머며모묘무뮤므미뫄뭐
바뱌버벼보뵤부뷰브비봐붜
사샤서셔소쇼수슈스시솨숴
아야어여오요우유으이와워
자쟈저져조죠주쥬즈지좌줘
차챠처쳐초쵸추츄츠치촤춰
카캬커켜코쿄쿠큐크키콰쿼
타탸터텨토툐투튜트티톼퉈
파퍄퍼펴포표푸퓨프피퐈풔
하햐허혀호효후휴흐히화훠

와 같은 基本反切表(音節表)를 가지고 한글을 指導해 온 것이다.

*표는 八終聲(받침 ㄱㄴㄷㄹㅁㅂㅅㅇ)으로 쓰이던 글자와(ㅣ)는 ㅣ母音이 後行하여 이루어지는 <ㅐㅒㅔㅖㅚㅟㅢㅙㅞ> 發音의 指導를 위해 따로 들어간 것으로 생각되며, <ㅣ>가 (ㅇ)앞으로

간 것은 <기역 · 니은 · 디귿 · 리을 · 미음 · 비읍 · 시옷 · 이 · 행>과 같이 指導할 때에 읽기 좋게 音律的인 配慮를 한 것으로 해석한다.

<(ㄱ) 쓰지 않는 글자이므로 뺌, (ㄴ) 以下도 같음.>

이 4百餘年 連綿히 이어온 전통적인 한글指導方法이 근본적으로 사정이 다른 日本이나 西洋의 흉내로 헌신짝처럼 버려지고 李應百博士의 글(1974.5.31日字 朝鮮日報 한글 敎育方法을 고치자)에 따르면 이 基本音節表를 入門期 아동들의 교실에 써붙여 놓고 지도를 試圖할 경우 獎學陣이나 학교경영 當路者는 이를 꺼려 쉽사리 허용하지 않은 일이 있었다 한다.

사실 한글은 24字의 單音文字로 되어 있다. 하지만 실인 즉 漢字의 흉내를 내어 音節文字로서는 實用하게 되어 있는 것이다. 그런데 앞에서 보인 音節表만 가지고 모든 한글字를 깨칠 수 있는 것도 아니다.

앞에서 指摘하였듯이 소리낼 수 있는 音節字만도 2,793字가 되는 것이다. 물론 이중에는 실제로는 쓰이지 않는 글자도 있다. 그러나 그 反面에 받침은 7개뿐이 아니라 現用되는 받침이 28개(ㄱㄴㄷㄹㅁㅂㅅㅇㅈㅊㅋㅌㅎㄲㄳㄵㄶㄺㄻㄼㄽㄾㄿㅀㅁㄱㅄㅆ)로 되어 있어서 實用音節字는 아무래도 2千字를 훨씬 上廻하는 것으로 보아야 할 것이다.

이러한 2千字 이상의 한글字를 26字로 표기하는 英語나 70字(濁音 · 半濁音字를 합쳐)정도의 글자로 표기하는 日語敎科書처럼 文章으로 시작하는 敎科書를 가지고 낱字를 散發的으로 배우자니 文字解得이 비능률적이어서 중학생으로서 한글을 모르는 학생이 적잖다는 慨歎할 현상이 빚어지지 않겠는가.

이제 基本音節表에 대한 認識이 있게 되어 한글의 體系的 指導에 대한 배려가 보임은 다행한 일이다. 그러나 아직도 未洽한 상태이고 특히 일선 敎師에게 이 基本音節數를 활용하는 한글의 體系的 指導방법의 認識을 높이기 위한 獎學指導가 필요하다고 본다.

漢字指導도 그렇다. 옛날 우리 祖上들에 의해 어린 나이 때에 「千字文」·「類合」·「訓蒙字會」 등에 의해 漢字敎育이 행해진 先驗이 있다.

「訓蒙字會」라는 책에 漢字 3,360자를 上, 中, 下에 수록해 있는데

上 卷

天文, 地理, 花品, 草卉, 樹木, 果實, 禾穀, 蔬菜, 禽鳥, 獸畜, 鱗介, 蜫蟲, 身體, 天倫, 儒學, 書式

中 卷

人類, 宮宅, 官衙, 器皿, 服飾, 舟船, 車輿, 鞍具, 軍裝, 彩色, 布帛, 金寶, 音樂, 疾病, 喪葬

下 卷

雜語

로 갈라서 各字마다 音과 訓을 달아놓는 方式을 취하고 있다.

「新增類合」이라는 책에는 漢字, 3,000자를 上, 下에 수록해 놓았는데

上 卷

數目, 天文, 衆色, 草卉, 樹木, 果實, 禾穀, 菜蔬, 禽鳥, 獸畜, 鱗介, 蟲豸, 人倫, 都邑, 眷屬, 身體, 室屋, 鋪陳, 金帛, 資用, 器械, 食饌, 衣服

下 卷

心術, 動止, 事物

로 갈라서 各字마다 音과 訓을 달아 놓는 方式을 취하고 있다.

이와 같은 部門別 漢字排列에 따라 그 漢字의 音과 訓을 가르치는 방식은 오늘날에 있어서도 충분히 再評價할 만한 價値가 있는 것으로 생각한다. 이 방식이 漢文(中高)敎科書나 國·中·高 漢字指導時에 活用되기를 希望하는 것이다.

漢字敎育의 具體的 方案

그러나 그렇다고 해서 「訓蒙字會」의 3,360자나 「新增類合」의 3,000자를 다 가르치자는 것은 아니고 2,000字 정도를 上限線으로 하는 國民常用 漢字도 좋고 아니면 敎育用漢字도 좋다. 中·高 漢文敎育用 基礎漢字 1,800자를 바탕으로 150~200자를 添削하고 아울러 姓名用, 地名用 漢字를 150∼200자 選定하여 常用도 하고 敎育도 함으로써 學校와 社會의 乖離를 보인 非理를 是正하자는 것이다.

이 1,800자~2,000자의 漢字를 국민학교부터 段階的으로 敎育을 하라는 것이 識者들의 衆論이 아닌가 한다.

解放後 30여 년간 한글專用方向의 語文敎育이 빚어온 弊害를 是正할 수 있는 길은

(1) 국민학교부터 國語敎育의 一環으로 漢字敎育을 할 것과
(2) 각급 학교의 모든 교과서를 國漢混用(다만 現實情에 비추어 段階的 措處가 필요함은 理解하나 그 期間은 짧을수록 좋다.)

으로 해서 교육의 效率化를 꾀함에 있음을 確信할 수 있다.

開化期 國語教科書의 一考察
-文字教育의 側面에서-

日帝 植民地 教育 40년간은 教育關係法令의 시행과 관련하여, ① 學部參與官에 의한 教育干涉期(1905. 2~1906. 8), ② 統監府에 의한 「學校令」施行期(1906. 8~1911. 8), ③ 朝鮮總督府에 의한 「朝鮮教育令」施行期(1911. 8~1945. 8)로 大別하는 견해가 있다.[3)]

日帝는 1905년 行政改革과 新政을 실시한다는 理由로 1,300萬圓을 借款형식을 거쳐 강제 貸與해 왔다. 그 中 50만원을 學事刷新이란 명목으로 배당하여 學校設立과 施設의 신식화를 내세웠으나 그들의 근본 의도는 韓國教育을 통제하고 同化政策을 실현하려는 데 있었다.

이와 竝行하여 우선 말썽 많은 私立學校教科書를 통제정리하고 자기들의 政治的 목적에 副應되는 親日的 御用教科書의 편찬사업을 계획하는 일에 착수하였다.[4)]

1905년 2월에 學部顧問인 學政參與官으로 幣原坦(東京高師教授)이 부임하여 사실상 教育에 관한 모든 事項의 權限을 장악하고 1905년 4월 소위 教育改良案을 작성했으며 한국을 植民地化하는 教育政策의 구체안으로 教科書 편찬을 重視했다. 1905년 6월에는 日語讀本을 편찬하고 日文으로 地理·歷史·算術·理科·修身 등 教科書 편찬 작업을 추진했다. 幣原坦·高橋亨 등 3명이 教科書 관계자였다.

이 日文에 의한 教科書 편찬에는 국민의 反對輿論이 맹렬했다. 그러나 伊藤博文統監은 幣原이 무능하다 하여 解任하고 새 參與官으로 三上忠造(東京高師教授)를 고용하도록 하여 그들 政

---

3) 鄭在哲, 「日帝의 學部參與官 및 統監府의 對韓國 植民地主義 教育扶植政策」, 『中大韓國教育問題研究所 論文』 創刊號, 1984. 8, pp.1~2.

4) 「韓國開化期教科書叢書」 6, vi, 白淳在 解題, 亞細亞文化社, 1977. 10.

策에 부합되는 교과서 편찬을 强力히 추진했다.

日帝는 각급 학교의 敎育課程을 통해서 그들의 植民地主義 敎育을 시행함에 있어 日本語·修身·歷史·地理 그리고 實科 등 敎科를 중시했는데 특히 日語를 重視, 統監府시대에는 모든 학교에서 必修科目으로 하고 그것도 많은 時間을 배당했다.

普通學校 각 학년별 '國語'對 '日語'의 週當授業時間表(1906~1908)를 보이면 다음과 같다.

敎科目 / 學年	國 語	日 語	總 時 間 數	比 率
	A	B	C	A·B/C
1	6	6	28	21.43%
2	6	6	28	21.43%
3	6	6	30	20.00%
4	6	6	30	20.00%
計	24	24	116	20.69%

1909년 현재 學部에서 발간한 普通學校 敎科書는 修身書 4冊, 國語讀本 8冊, 日語讀本 8冊, 漢文讀本 4冊, 理科書(日文) 2冊, 圖畵監本 4冊, 習字帖 4冊, 算術書(敎師用) 4冊 등이다.

그 中 國語敎科書 또한 日帝의 侵略的 政治性의 底意가 담긴 것임은 물론인데 卷1 第三十一課에는 國旗와 日本국기가 나란히 들어있는 揷畵가 있고 卷6 第2課 「三國과 日本」에는 日本史記에 처음으로 任那를 다루고 있다.

그러나 韓末의 韓國敎育은 公立學校와 私立學校가 제각기 基本性格이 다른 敎科書를 사용하는 二重構造的面에 대한 理解와 아울러 또한 日帝侵略에 대항했던 私立學校의 敎育精神이 얼마나 旺盛했었나를 알 수도 있다.[5)]

그러나 政治性을 배제한 文字敎育의 側面에서 開化期 國語敎科書를 고찰해 보고자 한다.

初等小學은 1906년 10월에 著作者 國民敎育會, 발행소 역시

---

5) 「韓國開化期敎科書叢書」 6, vi~vii, 白淳在 解題.

國民教育會의 名義로 發刊되었다.

卷1 첫머리에는 單語 중심으로
張1 ㄱ 落帳
張2 나무. 木 노루. 獐 揷畵
도미. 鯛 揷畵
張3 도마. 爼 두주. 揷畵

와 같이 ㄱㄴㄷㄹ行順으로 그 用例를 들고 該當 漢字를 보였다. 張11까지에 ㅋㅌㅍㅎ行까지의 單語가 들어 있고 張12·13에서는 한글의 基本音節表 가갸거겨式과 과궈놔눠式을 들어놓았다. 文字指導를 體系的으로 하겠다는 配慮를 한 것이다.

그리고 張14부터도 역시 文字指導를 염두해 둔 흔적이 歷然하다.

張14 국긔 國旗
거북 두 마리 가, 긔여 가오. 거북 龜
張15 고양이 가, 곱으리고, 거러 가오. 고양이 猫
교회 엽헤, 고족상 과, 경대 가, 잇소
張16 국화 두 송이 가, 곱게 피엿소. 국화 菊
기럭이 가, 갈대 밧에 셧기도 ᄒᆞ고, 날기 도 ᄒᆞ오. 기럭이 雁
張17 나귀 가, 굴레를 벗고셔, 한가히, 섯소. 나귀 驢
농부들이, 논에서, 벼를 배오. 벼 禾

와 같이 역시 ㄱㄴㄷ로의 字母順으로 ㄱ(국, 북), ㄴ(논, 한), ㄹ(갈, 날, 굴, 들, 를), ㅁ(밤 張23, 여름 張23, 사람 張25), ㅂ(곱, 엽, 집 張24), ㅇ(양, 송, 농부, 셩 張18, 경 張18), ㅅ(잇, 엿, 밧), ㄺ(붉고 張20), 받침이나 된소리(ᄭᅩᆺ19, ᄯᅳᆺ, ᄶᅱ, 씻ᄂᆞᆫ 張25, 베ᄶᅧᆼ이 張 31)의 쓰임에 대해서도 配慮를 하고 있고 아울러 漢字의 訓指導를 留念하고 있다. 文章은 위에서 들어 보인 例대로 短文型이다.

그런가 하면 部門別 單語指導에도 신경을 쓰고 있는데<밤. 栗 석류. 榴 살구. 杏 복숭아. 桃><붓. 筆 벼로. 硯 먹. 墨><날. 日 달. 月 별. 星 구룸. 雲>의 例가 그것이다.

卷2에서도 部門別로 語彙확충이나 漢字指導를 하도록 配慮를 하고 있다.

第七 혜ᄂᆞᆫ 것

한아, 둘, 셋, 넷, 다셧, 여셧, 일곱, 여닯, 아홉, 열
一, 二, 三, 四, 五, 六, 七, 八, 九, 十
1 2 3 4 5 6 7 8 9 10

第十二 人의신톄

얼골에ᄂᆞᆫ, 耳와, 目과, 鼻와, 口가, 잇스니, 耳로ᄂᆞᆫ 듯고, 目으로ᄂᆞᆫ 보고, 鼻로ᄂᆞᆫ 맛고, 口로ᄂᆞᆫ 먹으며, 또, 말도 ᄒᆞ오……팔 ᄭᅳᆺ헤ᄂᆞᆫ, 手가, 잇ᄂᆞ이다. 다리ᄭᅳᆺ헤ᄂᆞᆫ 足이, 잇ᄂᆞ이다.

등의 例가 그것이다.

卷2에 나오는 新出漢字는 다음과 같다.

第一	아참一	日	第十二	人의 신톄	耳目鼻口手足
第二	아참二	父母	第十三	사방	東西南北
第三	기럭이		第十四	그림이약이 一	姑母
第四	톄조		第十五	그림이약이 二	我
第五	원숭이	山	第十六	그림이약이 三	金
第六	개암이	大	第十七	병아리	言
第七	혜ᄂᆞᆫ것		第十八	산양군	犬
第八	정희와 난희	主人	第十九	운동	地
第九	파리와 나부	燈火	第二十	시계	晝夜時秒
第十	尺 分寸尺		第李十一	정길과 순길	
第十一	토끠와 거북				

과 같이 漢字를 節制한 흔적이 분명하고 그 漢字도 그야말로 日常用語에 그치려는 노력이 意圖的이다. 그리고 複習이라 하여 四까지 나오는데, 앞에서 배운 말이나 漢字를 익히는 것으로 하여 있다. 卷1・2는 1학년用 教科書이므로 文字指導 특히 한글을 體系的으로 읽고 쓰는 力點을 두어 指導하고 漢字指導를 극히 自制하고 있는 듯이 보인다. 卷3・4(2학년用)는 缺卷이므로 알 수가 없으나 卷5・6(3학년用)부터는 漢字말은 모두 漢字로 써 있어 制限이 없다.

普通學校 學徒用 國語讀本은 1907년 2월 學部에서 발행한 教科書로 8卷 8冊(修業年限 4년, 1년에 2卷씩), 初版에는 國語讀本, 再版에는 다소 內容이 訂正되면서 普通學校學徒用 國語讀本으로 발행된 것이다. 卷1

p.1~2 字母 子音字 14字
p.3 〃 母音字 11字(丶字포함)
p.4 第一課 무 나무 벼 벼루 비 비녀 각 單語마다 挿畵
p.5 第二課 보 보리 소 소라 이 이마

와 같이 p.10 第七課까지에 ㅎ行까지의 單語를 배열하여 文字指導를 하였는데 이것을 ㄱㄴ順으로 고쳐 배열하면 다음과 같다.

ㄱ 가마 가지 고초 져고리 구루마 타구 투구 코기리 …가고구기
ㄴ 나무 비녀 …나녀
ㄷ 다리 도마 도야지 포도 호도 …다도
ㄹ 소라 벼루 구루마 보리 조오리 슈리 다리 코기리 져고리 …라루리
ㅁ 마챠 도마 이마 가마 구루마 치마 모자 사모 무 나무 …마모무
ㅂ 바지 벼 벼루 보 보리 비 비녀 …바벼보비
ㅅ 사모 소 소라 슈리 토슈 …사소슈
ㅇ 도야지 여호 조오리 이 이마 …야여오이
ㅈ 자 모자 표자 져고리 조 조오리 가지 바지 도야지 …자져조지

ㅊ 마챠 초 고초 파쵸 치마 …챠초 쵸치
ㅋ 코 코기리 …코
ㅌ 타구 토슈 투구 …타토투
ㅍ 파 파쵸 포도 표자 …파포표
ㅎ 혀 호도 여호 …혀호

以上을 검토하면 子音字는 14字가 모두 고루 나왔는데 母音字는 'ㅓㅡ丶'가 한 번도 나오지 않는다.

第八課 날무. 흔비. 큰소. 흰이. 한자. 양초. 새보. 움파. 찰벼. 메조
第九課 압문. 뒤창. 왼손. 바른팔. 긴옷. 작은신. 감나무. 솔가지. 돌다리. 쇠가마.
第十課 봄보리. 은비녀. 풋고초. 겹바지. 놉흔산. 깁흔물. 모진돌. 둥근달. 찬바람. 더운날.
第十一課 검은긔. 누른말. 가는실. 좁은길. 나즌억덕. 얏흔우물. 무거운쇠. 가벼운 털. 됴흔사람. 착흔ᄋᆞ희.

以上을 검토하면

1. 앞에 나오지 않음 母音字 'ㅓㅡ丶'가 나온다.
2. 二重構造의 母音字 (겹글자) ㅐㅔㅚㅟ·ㅣㅢ가 나온다.
3. 7받침 'ㄱㄴㄹㅁㅂㅅㅇ'이 모두 나온다.
4. 주로 '冠十名' 構造의 글

文字指導面에서만 본다면,

ᄶᅡ(14課), 쉬(17課), 늙(19課), 쓸(20課), ᄶᅡ뜻·空日·學校·兄님·山·ᄉᆞᆺ(21課), 붉다·黃金(22課), 菊花·梅花·무궁花·月桂(24課), ᄰᅬ고리·中天·ᄲᅧᆺ다·경례(25課), 상쾌(26課), 玉姬(27課), 冷水(28課), 工夫 졂어셔·늙어셔(29課), 父母·先生님·兄弟·百姓(30課), 國旗·日本(31課), 二三層(32課), 來日·安寧·平安(33課), ᄶᅩᆺ치(34課), ᄶᅩᆺ차·兒孩(35課), ᄯᅳ더(36課), ᄆᆞᆰ은(37課), 汽

車・釜山・京城・ᄡᆞᆯ리(38課), 時計・西山(39課), 日氣・農夫・ᄯᅴ(40課) …以下略

1. 된소리는 14課에서부터 보인다.(ᄶᅡ, ᄲᅱ, 쓸, ᄯᅳᆺ, ᄭᅩᆺ, ᄭᅬ, ᄲᅧᆺ, ᄶᅡ, ᄶᅡᆺ, ᄶᅩᆺ, ᄯᅳ, ᄡᆞᆯ, ᄯᅴ)
2. 겹글자(ᅨ→ㅔ, ᅫ→ㅐ, ᅫ→ㅐ)
3. 겹받침은 19課에서부터 보인다.(ᄂᆞᆰ, ᄇᆞᆰ, ᄌᆞᆱ, ᄂᆞᆰ, ᄆᆞᆰ)
4. 漢字는 21課에 처음으로 보인다.
그러나 漢字말을 모두 漢字로 쓴 것은 아니다.(일긔 휴가 향긔 란초……)
5. 39課부터 漢字말은 모두 漢字로 썼다.

45課로 끝나는데 國文綴字라 하여 基本音節表(가갸거겨式 ㅎ行까지), 終聲附밧침(각간갇갈감갑갓강 낙난낟날남납낫낭), 重中聲(과궈놔눠式, 개개게계괴괴귀귀긔기), 激音된 시옷(ᄶᅡᄯᅡᄲᅡ싸ᄲᅡ行), 重終聲 둘받침 갉갊갋갌. '내다, ᄯᅡ, ᄭᅪ'에도 각각 'ㄺㄻㄼㄽ' 받침한 글자가 들어 있다. 總 58面, 卷2는 25課로 61面인데 國漢混用文으로 漢字말은 모두 漢字표기다.

最新初等小學은 1908년 7월 編述겸 發行者 鄭宣琥 명의로 발행된 國語敎科書다. 모두 4卷 2冊이다.

한글의 基礎的 音韻組織과 活用을 이용한 單元構成의 방법을 택하고 있음은 다른 初等國語敎科書의 編製方法이나 內容과 大同小異하다.

特異한 點은 上段에 敎師用 小註를 달아 敎授에 便하게 했으며 日字別 進度를 표시하여 進度計劃에 따른 敎授를 하도록 한 點이다. 1910년 10월 26일字로 韓日合倂과 동시에 出版法에 의해 日帝가 發賣頒布를 금지시켰던 圖書의 하나다.[6]

하루공과 ㄱ러기 ㄷ구 挿畵. p.1
ㄱ기 ㄴ니 ㄷ디 ㄹ리

6) 白淳在 위 『叢書』[5], 解題 vi.

이틀공과 ㅁ투리 ㅅ표 p.2
ㅁ미 ㅂ비 ㅅ시 ㅇ이
사흘공과 ㅈ지 ㅋ 挿畵 p.3
ㅈ지 ㅊ치 ㅋ키 ㅌ티
ㅍ리 p.4
ㅍ리 ㅎ히
첫 번 뒤글공부 p.5
ㄱㄴㄷㄹㅁ
ㅂㅅㅇㅈㅊ
ㅋㅌㅍㅎ
나흘공과 ㅏ바지 ㅓ어미 p.6
ㅏ아 ㅑ야 ㅓ어 ㅕ여
닷새공과 ㅗ라비 ㅜ비 p.7
ㅗ오 ㅛ요 ㅜ우 ㅠ유
ㅡ더 p.8
ㅡ으 ㅣ이 ㆍ ᄋᆞ
두 번째 뒤글공부
ㅏㅑㅓㅕㅗㅛㅜㅠㅡㅣㆍ p.9

新訂初中終三聲辨

ㄱ기역 ㄴ니은 ㄷ디은 ㄹ리을 ㅁ미음 ㅂ비읍 ㅅ시읏 ㅇ이응
기니디리미비시이 …八音은 分行初聲
억은읏을음읍읏옹 …八音은 分行終聲
ㅈ지 ㅊ치 ㅋ키 ㅌ티 ㅍ피 ㅎ히 …六音은 單行初聲
ㅏ아ㅑ야ㅓ어ㅕ여ㅗ오ㅛ요ㅜ유ㅡ으ㅣ이ㆍᄋᆞ …十一音 單行中聲
엿새공과 **가**치 **거**미 **고**초 **구**두 p.10
그림**그**리다 각각 挿畵 以下같음 p.11
가갸거겨고교
구규그기ᄀᆞ
일헤공과 **나**비 **너**구리 **노**루 **누**비 p.12
여드래공과 가지**느**러져 p.13
나냐너녀노뇨

누뉴느니ᄂᆞ

아호래공과 **다**리 돌을**더**져 **도**야지 **두**루미 p.14

붓을 **드**러 p.15

다댜더뎌도됴

두듀드디ᄃᆞ

열흘공과 글를 아**라**라 션싱을 우**러**러 새난 호**로**로 단풍은 우**루**루 p.16

사람은 으**르**르 p.17

라랴러려로료

루류르리ᄅᆞ

열할루공과 **마**차 **머**리 **모**자 **무**우 p.18

머리가 **므**여 p.19

마먀머며모묘

무뮤므미ᄆᆞ

세번재 뒤글공부 p.20

복습

가나다라마

갸냐댜랴먀

거너더러머

겨녀뎌려며

고노도로모

교뇨됴료묘 p.21

구누두루무

규뉴듀류뮤

그느드르므

기니디리미

ᄀᆞᄂᆞᄃᆞᄅᆞᄆᆞ

열잇흘공과 **바**지 **버**러지 **보**리 **부**어 p.22

마른 입히 **브**스스 p.23

바뱌버벼보뵤

부뷰브비ᄇᆞ

이와 같은 方式으로 ㅊ行까지 나가고

네번째 뒤글공부 '복습'이라 하여

바뱌 …… pp.32~33.
사샤 ……
아야 ……
자쟈 ……
차챠 ……

가 나온다. 같은 方式으로

열여드래공과 ㅌ行 pp.36~37.
열아흐래공과 ㅍ pp.38~39.
스무날공과 ㅎ pp.40~41.
스무하루공과 쌀이 **솨**르르 돌이 **와**르르 p.42
비가 **좌**르르 물이 **콰**르르 p.43
불이 **화**르르
과궈놔눠돠둬 ……화훠
다섯번재 뒤글공부 '복습'이라 하여
카캬커 …… pp.44~45.
타탸터 ……
파퍄퍼 ……
하햐허 ……
과놔돠 ……
궈눠둬 ……

가 나온다. pp. 46~47에는

ㄱ기ㄴ니ㄷ디ㄹ리ㅁ미ㅂ비ㅅ시ㅇ이ㅈ지ㅊ치ㅋ키ㅌ티ㅍ피ㅎ히와 같이 14子音字를 들고 가갸거겨式 基本音節表와 과궈놔눠式을 들었다.

p.48에서는 "ㄱ억ㄴ은ㄷ읃ㄹ을ㅁ음ㅂ읍ㅅ읏ㅣ의ㅇ웅"을 들고
가字에 억하면 각하고 가字에 은하면 간하고 ……가字에 의하면

개하고 가字에 응하면 강하니 가나다라과 字等일백팔십이字의 밧침이 모도 이와 같다.

이상을 살펴보면 21日工課로 한글 25字母(ㆍ포함)를 가르치고(5日工課) 나서 基本音節(와워포함)과 받침(ㄱㄴㄷㄹㅁㅂㅅㅣㅇ)을 가르치기로 되어 있다. 6日工課에서부터는 "그림 그리다(6日工課), 가지 느러져(8日工課), 붓을 드러(9日工課), 션싱을 우러러(10日工課), 나의 코(17日工課), 킈가 커(17日工課)" 등 例와 같이 動形容詞가 들어간 글이 보이고 22日工課부터는 文章式으로 되어있으며 23日工課에서부터는 漢字가 나타나기 시작한다. 國漢混用인 것이다. 卷2~4까지가 모두 國漢混用의 글이다.

新纂初等小學은 1909년 9월 玄采가 편집兼 발행자가 되어 刊行된 것인데 隆熙 3년(1909년) 8월 28일 私立學校鮮語科初等學徒用으로 學部檢定을 거쳐 나온 國語教科書다. 6卷 6冊으로 全課程을 끝내도록 編製되었다. 韓末의 教科書가 日帝에 의해 무수히 禁書의 禍를 입었는데, 이 책은 韓日合邦 후인 1913년(아직 朝鮮總督府편찬 教科書가 나오기 前)에 再版발행되어 잠정적으로 私立學校用 教科書로 사용되었다는 점을 미루어 다른 韓末 教科書와는 다른 점이 있다고 보인다.[7] 卷1

p.1 字母

初聲 ㄱㄴㄷㄹㅁㅂㅅㅇㅈㅊㅋㅌㅍㅎ

中性 ㅏㅑㅓㅕㅗㅛㅜㅠㅡㅣㆍ

綴字 ㅡ

ㄱ 가갸 거겨 고교

구규 그기 ᄀᆞ

p.2

ㄴ 나냐 너녀 노뇨

누뉴 느니 ᄂᆞ

ㄷ 다댜 더뎌 도됴

7) 위『叢書』[7], 解題 v~vi.

두듀 드디 ᄃᆞ

式으로 p.3(ㄹㅁ), p.4(ㅂㅅ), p.5(ㅇㅈ), p.6(ㅈㅋ), p.7(ㅌㅍ)

p.8 ㅎ		하햐 허혀 호효
		후휴 흐히 ᄒᆞ
	重中聲	과궈 놔눠 돠둬
		롸뤄 뫄뭐 봐붜
p.9		솨숴 와워 좌줘
		촤춰 콰쿼 톼퉈
		퐈풔 화훠
p.10	第一課	ㄱㄴㄷㄹㅁ
		ㅂㅅㅇ
		ㅈㅊㅋㅌㅍ
		ㅎ
p.11	第二課	ㅏㅑㅓㅕㅗㅛ
		ㅜㅠㅡㅣㆍ
p.12	第三課	가지 茄 挿畵
p.13		가자미 鰈 〃
p.14	第四課	거루 〃
p.15		나무 木 〃
		노루 獐 〃
p.16	第五課	가갸 거겨 고교
		구규 그기 ᄀᆞ
p.17	第六課	나냐 너녀 노뇨
		누뉴 느니 ᄂᆞ
p.18	第七課	도야지 豕 挿畵
p.19		두루미 鶴 〃
		다리 橋 〃
p.20	第八課	도화 〃
		리어 鯉 〃
p.21		리화 〃
		로어 鱸 〃

p.22 第九課 다댜 더뎌 도됴
두듀 드디 ᄃᆞ
p.23 第十課 라랴 러려 로료
루류 르리 ᄅᆞ

式으로 第十一課 무菁・마챠(p.24), 벼루硯 ・보리麥(p.25), 第十二課 마行(p.26), 第十三課 바行(p.27), 第十四課 사ᄌᆞ獅(p.28), 소나무松・쇼牛(p.29)・셔과(p.30), 第十五課 소라螺(p.31)・아버지父・어머니母(p.32), 第十六課 오미ᄌᆞ・유자柚(p.33), 어부・오리鳧(p.34), 第十七課 사行(p.35), 第十八課 아行(p.36), 第十九課 저고리襦・주머니囊(p.37), 치ᄌᆞ梔 ・초燭(p.38), 第二十課 자行(p.39), 第二十一課 차行(p.40), 第二十二課 코기리象 ・키箕(p.41), 토수・투셔(p.42), 第二十三課 카行 (p.43), 第二十四課 타行(p.44), 第二十五課 파초蕉・피리笙(p.45), 호도・호피(p.46), 第二十六課 파行(p.47), 第二十七課 하行 과궈・와워・화훠(p.48), 終聲 ㄱㄴㄷㄹㅁㅂㅅㅇㅣ

綴字二
'각간갇갈감갑갓강개'式으로 ㄴㄷㄹ行까지
를을는은슨슬즌즐
에헤집밥옷솟칙학 (p.49)

第二十八課 **국긔** 국긔를. 집집마다. 놉히. 다랏소(p.50), 第二十九課 **농부** 농부들이. 식벽에. 이러나. 밧헤셔. 일ᄒᆞ오(p.51), 第三十課 **대**竹 **두겁이**蟾 대. 나무는. 두. 쥴기오. 둑겁이는. 여러마리. 올시다(p.52), 第三十一課 **련ᄭᅩᆺ**蓮 **란초**蘭 련ᄭᅩᆺ은. 븕고. 희며. 란초ᄭᅩᆺ은. 푸르니. 빗이 다. 죳소(p.53), 第三十二課 **뫼초락이**鶉 **말**馬 뫼초락이는. 쌍으로. 안젓고. 말은. 홀로. 셧소이다(p.54), 第三十三課 **버들**柳 버들. 나무. 밋헤. 소. 탄. 목동이. 저를 불고. 가니. 그. 소리. 듯기. 죳소(p.55), 第三十四課 **산** 산. 어구에. 폭로가. ᄲᅩᆺ쳐. 나려오니. 경치도. 죳코. 소리도. 요란ᄒᆞ오(p.56), 第三十五課 **약ᄃᆡ**駝 약ᄃᆡ란. 짐싱은. 셩품이. 순ᄒᆞᆫ고로. 조고마ᄒᆞᆫ 아희도. 능히 ᄭᅳᆯ고. 가오

> (p.57), 第三十六課 **쥐**鼠 **박쥐** 쥐의. 버릇은. 물건을. 잘. 쎠을고. 박쥐ᄂᆞᆫ. 낫에. 눈이. 어두어. 보지. 못ᄒᆞ오(p.58), 第三十七課 **ᄎᆡᆨ샹**丌 ᄎᆡᆨ冊 **ᄎᆡᆨ**샹우에. 노인것은. ᄎᆡᆨ이니. 져. ᄎᆡᆨ은. 우리가. 날마다. 공부ᄒᆞᄂᆞᆫ. ᄎᆡᆨ이올시다(p.59), 第三十八課 **콩**菽 콩은. 밥에. 두어. 먹으면. 구수ᄒᆞ고. 쏘. 두부를. ᄆᆡᆫ드러. 반찬ᄒᆞ면. 더욱. 좃소(p.60), 第三十九課 **사ᄅᆞᆷ**人 **톱**鉅 톱질ᄒᆞᄂᆞᆫ. 사ᄅᆞᆷ은. 목수이니. 이. 사ᄅᆞᆷ은. 집도. 짓고. 셰간도 ᄆᆡᆫ드니. 참. ᄌᆡ조가. 잇소(p.61), 第四十課 **풍경핑구** 풍경소ᄅᆡ. 핑뎅. 핑구소ᄅᆡ. 핑굴을. 핑칭ᄒᆞ니. 그. 두가지. 소ᄅᆡ가. 다. 신긔ᄒᆞ오(p.62), 第四十一課 **달**月 **ᄒᆡ**ᄒᆡᄂᆞᆫ. 아침에. 돗ᄂᆞ니. 항샹. 둥글고. 달은. 밤에. 돗ᄂᆞ니. 둥굴기도 ᄒᆞ고. 쏘. 이지러지기도. ᄒᆞ오(p.63), '茄鰈木獐……人鉅月'

등 本文에서 나온 漢字 43字를 들어있다.(p.65)

以上과 같이 卷頭에 한글字母와 音節表를 보이고 第1課~第27課까지만 한글字母와 基本音節表(가갸거겨式, 과궈와워화훠式 그리고 終聲 ㄱㄴㄷㄹㅁㅂㅅㅇㅣ 綴字二 각간갇갈감갑갓강개 ……를을는은……에헤집밥옷솟칙학), 第28課~第41課까지에 소위 9終聲活用, 간단한 曲用 活用을 익히기 위한 短文型文章을 ㄱㄴㄷㄹ順 單語를 單元이름으로 하여 배열하였다.

第3課부터 가지茄式으로 漢字의 訓을 익히는 방법을 취했는데 全卷 41課 중에 43字의 漢字가 나온다.

卷6까지에 1992字의 漢字가 나오고 卷2부터는 國漢混用의 글로 되어 있다.

漢字數 를		
	1	43字
	2	302字
	3	374字
	4	393字
	5	468字
	6	412字
		1,992字

『蒙學必讀』卷1은 初等低學年用 國語教科書다. 崔在學의 編述로 學部의 檢認定을 받지 않은 獨自的 出版의 教科書가 아닌가 한다.[8]는 것이요, 내용 중 天數道教의 記事가 많은데서 天道教를 배경으로 했던 普成館의 刊行이 아닌가 한다.

卷頭에 母音(11字)・子音(14字)를 들어놓은 다음

가만　　　　　　　가갸거겨고교구규그기ᄀᆞ
나비 나무 너구리　나냐너녀노뇨누뉴느니ᄂᆞ
다리 두루미 도미　다댜더뎌도됴두듀드디ᄃᆞ

와 같은 방식으로 ㅎ行 까지의 基本音節表를 가르치게 하고(3~52面까지) 53面에

'과궈 놔눠…화훠'

와 같이 合用字를 가르치게 되어 있으며 55面에는 '初終聲通用九字'라 하여

ㄱㄴㄷㄹㅁㅂㅅㅇㅣ

를 들었으며

合字 '감'(56面)의 例를 들어 보이고

가ㄱ각 가ㄴ간 가ㄷ갇 가ㄹ갈 가ㅁ감 가ㅂ갑 가ㅅ갓 가ㅇ강 가ㅣ개(57面)

58面에 '날'의 例를 들어보이고

나) ㄱ낙 나ㄴ난 나ㄷ낟 나ㄹ날 나ㅁ남 나ㅂ납……나ㅣ내(59面)

---

8) 白淳在의『叢書』[2], 解題 vii.

式으로 되어 있어 한글의 體系的인 指導를 꾀하였음을 알 수 있다.

<이 論文의 續編『한글과 漢字의 體系的 교육방법의 一考察[Ⅱ] -조선어학회 지은 국어책과 英·日敎科書의 분석을 통해』, 仁荷大學校 人文科學硏究所 論文集 第12輯(1986)에 실림>

〈『語文硏究』 제50호, 한국어문교육연구회, 1986.〉

한글과 漢字의 體系的 敎育方法의 一考察(Ⅱ)

-조선어학회 지은 국어책과 英·日語 敎科書의 분석을 통해-

A Study on Systematic Teaching Methods of Hangŭl and Chinese Character <Ⅱ>

Abstract

This study is the continuation of "A Study of Systematic Teaching Methods of Hangul and Chinese Character (Ⅰ) : Through an Analysis of the Korean Language Textbooks of the Enlightenment Age"(「Omun-Yŏngu」 50, Seoul : Ilchogak, 1986).

In this study I examined the systematic teaching methods of Hangŭl and Chinese Character through an analysis of the Korean language textbooks(1945) by Korean Language Research Society and the textbooks of English and Japanese languages.

序

필자는 “한글과 漢字의 體系的 敎育方法의 一考察[Ⅰ] - 開化期 敎科書의 분석을 통해”를 쓴 바 있다.[1)]

本稿는 그 續編이다. 조선어학회가 지은 국어책이라 함은 1945년 11월 6일 발행된 “한글 첫걸음”과 1945년 12월 30일 발행된 ‘초등 국어교본’을 말한다.

英語敎科書라 함은 우리 나라 中等의 것과 ‘Nelson Grammar 시리즈’를 의미하고 日語敎科書는 光村圖書 발행의 것이다.

‘한글 첫걸음’은 ‘초등 국어 중・하’ 또는 ‘중등 국어 상・하’를 가르치기 전에 먼저 국어공부의 터전을 닦아 주도록 가르치기 위하여 지은 것이라 하여 있으므로 말하자면 入門書다.

p.1　ㄱ ㄴ ㄷ ㄹ ㅁ ㅂ ㅅ ㅇ ㅈ ㅊ ㅋ ㅌ ㅍ ㅎ
ㅏ ㅑ ㅓ ㅕ ㅗ ㅛ ㅜ ㅠ ㅡ ㅣ

一

p.2　ㅂ ㅏ 바
ㄷ ㅏ 다 바다

ㄴ ㅏ 나
ㄹ ㅏ 라 나라

ㄱ ㅏ 가
ㅈ ㅏ 자 가자

가자, 다 가자.
나가자, 다 나가자.

1) 語文硏究, 50호.

二

p. 3 ㅇ ㅏ 아
ㅂ ㅓ 버
ㅈ ㅣ 지 아버지

ㅇ ㅓ 어
ㅁ ㅓ 머
ㄴ ㅣ 니 어머니

ㅅ ㅓ 서
ㄹ ㅣ 리 서리

ㅈ ㅓ 저 저리
ㅇ ㅣ 이 아이
ㅁ ㅣ 미 미나리

ㅊ ㅣ 치 치마

ㅋ ㅣ 키 키

아버지 바지. 어머니 치마.
어서 가자. 저리 가자.

三

p.4 ㅇ ㅑ 야 아이야
ㄴ ㅑ 냐 아니냐
ㄹ ㅑ 랴 가랴
ㅇ ㅕ 여 여자'
ㅎ ㅕ 혀 혀
ㅍ ㅕ 펴 펴다

나가랴? 나가러라.

어서 가거라. 어서 가서 자거라.
어서어서 자라거라.
여자(女子)

四

p.5 ㅁㅗ 모 모자' 모기
ㅅㅗ 소 소나무
ㅇㅗ 오 오리

ㄴㅜ 누 누나
ㄱㅜ 구 바구니
ㄷㅜ 두 자두 구두
ㄹㅜ 루 두루마기 두루미
ㄷㅡ 드 버드나무
ㄹㅡ 르 다르다
ㄴㅡ 느 느리다
ㅋㅡ 크 크다

버드나무가 푸르다. 소나무가 크다
누구누구 가시니?
두루 가르치시더라
모자(帽子)

五

p.6 ㅊㅜ 추 고추
ㅎㅜ 후 후추
ㅌㅜ 투 투구

ㅁㅛ 묘 묘하다
ㅍㅛ 표 차표 모표
ㅎㅛ 효 효자'

ㄱㅠ 규 규모

ㅇㅠ 유 우유' 유리

그 아이가 효자다.
차표 사오너라.
구두 가져오너라.
우유 사오너라.

효자(孝子) 우유(牛乳)

六

p.7 벼루 조 고기
보리 수리 조리
호두 여우 포도
호미 무우 도토리
마루 부모' 부추
주머니 조카 노루
유리 우표' 여러가지

호두나무가 크다.
보리가 자라오.
고기가 노오.
호미 가지고 오너라.

부모(父母) 우표(郵票)

이상(以上)을 검토해 보면 6과(課)까지에

1. 字母 24字는 모두 한 차례 以上 나온다. 적게는 한두 차례, 많은 것은 7, 8차례 나왔다.

2. 基本音節表에 따르면

ㄱ	가	거	고	구규그	기			7
ㄴ	나	너	노	누	느	니		6
ㄷ	다	더	도	두	드			5
ㄹ	라랴러			루	르	리		6

ㅁ 마 머 모묘무 미 6
ㅂ 바 버벼보 부 5
ㅅ 사 서 소 수 시 5
ㅇ 아 어여오 우유 이 7
ㅈ 자 저져조 주 지 6
ㅊ 차 추 치 3
ㅋ 카 크키 3
ㅌ 토 투 2
ㅍ 포표푸 3
ㅎ 하 호효후 4
68

68字의 音節字가 나오지만 여기에 基本音節表를 활용하는 傳統的 교육 방법이 加味된다면 基本音節表에 나타나는 音節字는 대충 터득할 수 있을 것이다.

3. 여기까지에는 겹글자나 받침은 하나도 나오지 않는다.

4. 欄外에 여자(女子) 모자(帽子) 효자(孝子) 우유(牛乳) 부모(父母) 우표(郵票)가 나오는 것은 漢字말임을 보이고 그 읽기 정도를 지도하는 데 主眼이 주어진 것이 아닌가 한다.

p. 8 ㅐ ㅒ ㅔ ㅖ ㅚ ㅟ ㅢ

七

p. 9 ㅅㅐ 새 새나라
ㅂㅐ 배 배나무
ㄱㅐ 개 개구리
ㄴㅐ 내 시내
ㅁㅐ 매 매미
ㄷㅐ 대 대추

ㅇㅐ 애 애야

새가 우오.
개가 가오.
배가 크오.
애야, 어디 가니?

八

p.10 ㄹㅔ 레 겨레 수레
ㅁㅔ 메 메주 메누리
ㅈㅔ 제 제비 제사
ㅅㅔ 세 세수
ㅂㅔ 베 베개
ㅇㅖ 예 예사
ㄱㅖ 계 세계'
ㄹㅖ 례 차례

네나 내나 다 나가자.
차례 차례 다 가자.
겨레 겨레 우리 겨레
예서 제서 노래하네.
세계(世界)

九

p.11 ㅅㅚ 쇠 쇠고기 무쇠
ㄱㅚ 괴 괴수

ㅈㅟ 쥐 쥐
ㅊㅟ 취 취

ㅇㅢ 의 의자' 의사'
ㅎㅢ 희 희다 희미하다

뉘 구두냐?
마루 위에 두어라.

쥐가 기어가오.
저 모자가 희다.
의자(倚子) 의사(醫師)

十. ㅁ

p.12　ㄱㅏㅁ 감 | 감 김 담배
| 감자 샘

감나무가 점점 자라오.
조심해 가거라.
그 사람 키가 참 크다
염려해 주시니 감사하오.
바람이 잠잠하다.
저 구름이 매우 희구나.
그 아이가 참하구나.

十一. ㅂ

p. 13　ㅈㅣㅂ 집 | 집 밥 접시
| 탑 삽 보습

저 집이 네 집이냐?
그 접시에 담아라.
그리 급히 가려느냐?
저기 큰 탑이 보이오.
엽서 사 오너라.
고기 잡으러 가자.
점심 가지고 오너라(筆者註. 이 글은 p.12에 갔어야 할 글)

十二. ㄴ

p.14　ㅅㅏㄴ 산' 구운밤 손
신문' 건너편 논

아버지는 논에 가시고, 어머니는 집에 계시오.
언니는 신문사에 다닌다.
아침부터 대단히 분주하오.
너 집에 간다더니 언제 가니?
건너편 집에 손님이 오신다.
비가 몹시도 온다.

산(山) 신문(新聞)

十三. ㄹ

p.15 ㅋㅏㄹ 칼 칼날 길 말
발 만년필' 설

온 나라 사람들아.
단결이 제일이다.
나라를 위하여 일을 하자.
우리들이 아니하면 누가 하랴?
놀지 말고 날마다 일을 하자.
한글을 잘 배우자.
우리 나라 글이니 잘 배우자.

만년필(萬年筆)

이런 식(式)으로

十四. ㅅ

p.16 옷 갓 못 낫 엿 삿갓
短文 7로 ㅅ받침 익히기
漢字 만세(萬歲) 연필(鉛筆)

十五. ㄱ

p.17 학교 독 먹 석필 책 묵
短文 7로 ㄱ받침 익히기
漢字 학교(學校) 국기(國旗) 애국가(愛國歌) 북(北)
백두산(白頭山) 남(南)

十六. ㅇ

p.18　　농　동무　기둥
팽이　성냥
금강산'
短文　7로 ㅇ받침 익히기
漢字　금강산(金剛山) 생도(生徒) 교장선생(校長先生)

p.19　　ㅘㅙㅝㅞ

十七

p.20　　과자　과일
괭이
돼지
원숭이
궤
短文　4로 "ㅘㅙㅝ(ㅞ例는 없음)" 익히기
漢字　동(東)

p.21　　ㄲ ㄸ ㅃ ㅆ ㅉ

十八

p.22　　까치　까마귀
빨
썰매
뼈
고추씨
때
떼
短文 4로 "ㅆ ㄸ ㅃ"익히기

十九

p.23　　꼬리
뽕나무

뾰족하다
쑤세미
쓰다
꾀꼬리
뛰어간다
短文 4로 "ㅆ ㄸ ㄲ" 익히기
漢字 약(藥) 비행기(飛行機) 공중(空中)

二十

p.24 꽈리
꿩
쐐기
꿰맨다
短文 4로 "꽤 꿩 꿰 꽈" 익히기

二十一. ㅍ

p.25 앞도 앞에 앞으로 앞과
短文 7로 ㅍ받침 붙는 "무릎 숲 잎 앞 갚고 깊은 높은" 익히기
漢字 한강(漢江)

二十二. ㄷ

p.26 받고 받지 받아 받으니
短文 7로 ㄷ받침 붙는 "받아라 곧으면 믿음 받는다 굳으니 믿는다 돋아 듣느냐? 들어라 닫고" 익히기
漢字 결심(決心) 성공(成功)

二十三. ㅌ

p.27 밭에 밭을 밭도 밭과
短文 8로 "콩밭 팥밭 팥이 같아도 같지 뱉지 말아 맡는다 밑 끝 겉" 익히기

二十四. ㅈ

p.28 낮아 낮으니 낮고 낮다

短文 7로 "낮아도 젖만 찾는다 짖으니 밤낮으로 찾은 잊지 밤낮을" 익히기

二十五. ㅊ

p.29 꽃 꽃이 꽃을 꽃도 꽃과

短文 6으로 "꽃이 빛이 돛을 몇이나 쫓아 몇만년 낯을" 익히기

漢字 강산(江山) 무궁화(無窮花)

二十六. ㅋ

p.30 부엌 부엌이 부엌에 부엌도 부엌과

短文 7로 "부엌에서 동녘에서 서녘으로" 익히기와 "설겆이 해ㅅ빛이 볕에 밭에 흩어진 팥을 낱낱이 쫓아서 달맞이" 익히기

漢字 서(西)

二十七. ㅎ

p.31 "좋다 좋고 좋아 좋으니" 익히기

短文 9로 "좋다 좋지 좋구나 닿는다 놓아 쌓아 놓아라 누렇게 커다랗다 높다랗게" 익히기

漢字 항구(港口) 대문(大門)

p.32 ㄲ ㄳ ㄵ ㄶ ㄺ ㄻ ㄼ ㄽ ㄾ ㄿ ㅀ ㅄ ㅆ

二十八. ㄲ

p.33 낚아 낚으니 낚고 낚더라 낚시 낚으러 밖에 묶어서 섞어 꺾으면 깎아서

二十九. ㄳ ㄵ

p.34 삯이 삯을 삯도 삯만 삯을 넋을 몫이고 몫이다

앉아 앉으니 앉고 앉지 앉아서 얹어

三十. ㄶ

p.35 많다 많고 많아 많으니 많이 점잖이 괜찮으니
아니하면(筆者註. 않으면 指導를 意識한 듯)

三十一. ㄺ

p.36 닭 닭이 닭을 닭도 닭과
닭이 흙을 맑은 밝은 긁어

三十二. ㄻ ㄼ

p.37 젊어 젊으니까 젊고 젊다 젊은 젊어지고 옮아
밟아 밟으니 밟고 밟지 밟아라 넓은
漢字 태평양(太平洋)

三十三. ㄽ ㄾ

p.38 돐이 돐에 외곬으로만
핥아 핥으니 핥고 핥지 핥기다(수박) 훑으신다
漢字 작년(昨年)

三十四. ㄿ ㅀ

p.39 읊어 읊으니 읊고 읊지 읊어라
옳다 옳고 옳아 옳으니 옳은 옳게 잃지 뚫어서 싫어서
漢字 시(詩)

三十五. ㅄ ㅆ

p.40 값 값이 값을
값을 값도 값만
값을 값으로 가엾은 없다
있어 있으니 있다 있고
있다 가겠다 되었다

漢字 십원(十圓) 내일(來日) 삼천리(三千里)

以上 p.8~p.11 七~九課까지에
1. ㅣ와 複合인 겹글자 "ㅐ ㅒ ㅔ ㅖ ㅚ ㅟ ㅢ"를 다루고
2. 漢字는 의자(椅子) 의사(醫師)가 나온다.

p.12~p.18 十~十六課까지엔
1. 홑받침 "ㅁ ㅂ ㄴ ㄹ ㅅ ㄱ ㅇ" 7終聲을 다루고
2. 漢字는 산(山) 신문(新聞) 만년필(萬年筆) 학교(學校) 국기(國旗) 애국가(愛國歌) 북(北) 백두산(白頭山) 남(南) 금강산(金剛山) 생도(生徒) 교장선생(校長先生)이 나온다.

p.19~p.20 十七課에서는
1. 나머지 겹글자 "ㅘ ㅙ ㅝ ㅞ"를 다루고
2. 漢字는 동(東)이 나온다.

p. 21~p.24 十八課~二十課까지에
1. 된소리 "ㄲ ㄸ ㅃ ㅆ ㅉ" 등을 다루기로 되어 있는데 "ㅉ" 用例는 보이지 않는다.
2. 漢字는 약(藥) 비행기(飛行機) 공중(空中)이 나온다.

p.25~p.31 二十一課~二十七課까지에
1. 7終聲 外에 홑받침 "ㅍ ㄷ ㅌ ㅈ ㅊ ㅋ ㅎ"을 다루고
2. 漢字는 한강(漢江) 결심(決心) 성공(成功) 강산(江山) 무궁화(無窮花) 서(西) 항구(港口) 대문(大門)이 나온다.

p.32~p.40 二十八課~三十五課까지에
1. 一切의 겹받침 쌍받침을 다루고
2. 漢字는 태평양(太平洋) 작년(昨年) 시(詩) 십원(十圓) 내일(來日) 삼천리(三千里)가 나온다.

以上으로 한글 字母 子音(ㄱ ㄴ ㄷ ㄹ ㅁ ㅂ ㅅ ㅇ ㅈ ㅊ ㅋ ㅌ ㅍ ㅎ ㄲ ㄸ ㅃ ㅆ ㅉ) 母音(ㅏ ㅑ ㅓ ㅕ ㅗ ㅛ ㅜ ㅠ ㅡ ㅣ ㅐ ㅒ ㅔ ㅖ ㅚ ㅟ ㅘ ㅝ ㅙ ㅞ ㅢ)과 받침(ㄱ ㄴ ㄷ ㄹ ㅁ ㅂ ㅅ ㅇ ㅈ ㅊ ㅋ ㅌ ㅍ ㅎ ㄲ ㄳ ㄵ ㄶ ㄺ ㄻ ㄼ ㄽ ㄾ ㅀ ㅄ

ㅆ)이 모두 다루어져 있다.

p.41~p.49 三十六課~四十一課까지엔

三十六 자장노래
三十七 속담
三十八 여우와 닭　漢字말 산중(山中)
三十九 고향 하늘
四十 우리 나라　漢字말 역사(歷史)
四十一 우리의 할 일

로 되어 있다.

以上 한글 指導라는 一面으로만 생각하면 體系的으로 빈틈없이 짜여져 있고 漢字말도 日常生活과 親近한 말만 가려내어 그 指導에도 留念한 듯이 보인다. 43單語 82字다. 基本音節表는 보이지 않는다.

조선어학회 지음 군정청 학무국 發行 "초등 국어교본 상"은

p.1 한글 字母 24字
p.2 ㅁ 머리 모자 치마 감 밤 범
p.3 ㅏ 사람 이마 다리 발 다리미 감자
p.4 ㅓ 거울 얼굴 버섯 거미 먹 벌

과 같은 方式으로

p.5 ㅣ　p.6 ㅑ　p.7 ㅕ　p.8 ㅂ　p.9 ㅍ　p.10 ㅐ
p.11 ㅇ　p.12 ㄴ　p.13 ㄷ　p.14 ㅌ　p.15 ㄹ　p.16 ㅅ
p.17 ㅈ　p.18 ㅊ　p.19 ㅎ　p.20 ㄱ　p.21 ㅒ ㅔ　p.22 ㅖ
p.23 ㅋ　p.24 ㄲ　p.25 ㄸ　p.26 ㅃ　p.27 ㅆ　p.28 ㅉ
p.29 ㅗ　p.30 ㅛ　p.31 ㅜ　p.32 ㅠ　p.33 ㅡ　p.34 ㅘ
p.35 ㅙ ㅚ　p.36 ㅝ ㅞ　p.37 ㅟ　p.38 ㅢ

以上으로

1. "ㅁ ㅏ ㅓ ㅣ ㅑ ㅕ ㅂ ㅍ ㅐ ㅇ ㄴ ㄷ ㅌ ㄹ ㅅ ㅈ ㅊ ㅎ ㄱ ㅒ ㅔ ㅖ ㅋ ㄲ ㄸ ㅃ ㅆ ㅉ ㅗ ㅛ ㅜ ㅠ ㅡ ㅘ ㅙ ㅚ ㅝ ㅞ ㅟ ㅢ"의 차례로 40字母가 나옴.

2. 받침은 單語 중심으로 "ㅁ ㅂ ㅍ ㅇ ㄴ ㄹ ㅅ ㅈ ㅊ ㄱ ㅋ"의 體言에 붙는 홑받침이 보임.

3. 이 밖에도 받침은 p.27 쓰레받기, 文章 中에서 p.30에 "앉아 같이"가 나온다.

4. p.21부터 短文이 나오기 시작한다. 一旦 한글文字를 概括的으로 교육하기로 되어 있다. p.39부터 題目이 붙은 文章이 나온다.

p. 39 一 어머니 아버지
p. 40 二 아가
p. 41 三 나비
p. 42 四 일
p. 43 五 한가위 팔월(八月) 산(山) 강(江)
p. 44 六 인사(一) 셨 잤
p. 45 七 인사(二) 겠 괜찮으냐 있었니 학교(學校) 선생(先生) 김(金)
p. 46 八 운동장 많이 운동장(運動場) 생도(生徒)
p. 47 九 모두 열사람 여덟
p. 49 十 갈ㅅ대마나님
p. 50 十一 소 밭 싫어요 듣지 않았소
p. 51 十二 우산 셋이 나란히 찢어진
p. 52 十三 거리 좋습니다
p. 53 十四 어린 아이 슬기 놓으시면서 곧 일전(一錢)
p. 54 밝아졌소
p. 55 十五 해
p. 56 十六 장날 닭
p. 57 十七 욕심 많은 개 싫어서 없어졌소
p. 58 十八 일년 일년(一年) 정월(正月)

p. 59 十九 사촌 언니
p. 60 二十 설 몇 좋아
p. 62 二十一 약 넣어 그렇게 많다 많이 약(藥)
p. 63 二十二 검둥이
p. 66 二十三 세배 높이 옳지 창가(唱歌) 국기(國旗)
p. 67 식(式)
p. 68 二十四 심부름 갖다
p. 70 二十五 우리 닭 수탉 암탉 좋게 낳아서
p. 71 세금(稅金)
p. 72 二十六 맴맴
p. 73 二十七 코끼리 어떻게 그렇지 않소
p. 75 二十八 편지 읽어 엽서(葉書)
p. 77 二十九 사방 사방(四方) 동(東) 서(西) 남(南) 북(北)
p. 78 三十 우리 나라 늙은이 젊은이 조선(朝鮮) 독립(獨立) 남자(男子) 여자(女子) 세계(世界)
p. 79 좋은 이렇게 좋아서 좋고
p. 80 三十一 산술공부 맞았다 옳다 이(二) 삼(三) 육(六) 구(九) 십오(十五) 팔(八)
p. 81 맞았다 앉았는데 놓아 몇 없이 칠(七)
p. 82 三十二 범 괜찮겠느냐 없다 좋고 되었었니 했었다
p. 85 三十三 친절한 가게 원(圓)
p. 86 값 없소 사(四)
p. 87 궂일
p. 88 三十四 싸락눈 같은 밑에서 받아
p. 89 三十五 입에 붙은 표주박 잊어 붙어서 깨닫고
p. 92 三十六 쌀과 콩 알맞아서 외국(外國)
p. 93 三十七 우스운 이야기 붙이지요 묶어
p. 94 쫓아 않게 이튿날
p. 93~p. 94 까맣게 놓고 옳지
p. 96 三十八 우리 집
p. 97 닭에게 맡았소 끝나면
p. 99 三十九 사시 사시(四時)
p. 100 四十 밤 어쨌나

p. 101 四十一 온돌
p. 102 四十二 달 따러 가자
p. 103 四十三 한석봉 한석봉(韓石峰) 삼백(三百) 개성(開城) 산중(山中)
p. 104 싶던지
p. 105 같습니다
p. 106 굵었다
p. 107 일심(一心)
p. 108 四十四 비
p. 109 四十五 쥐의 의논 없겠느냐
p. 110 없었소

以上으로 p.38까지에 나오지 않았던

1. "ㅌ ㅎ ㄶ ㄺ ㄻ ㄼ ㅀ ㅄ ㅆ"의 9받침이 더 나오나 "ㄲ ㄳ ㄵ ㄾ ㄿ"받침은 나오지 않는다.

2. p.43 五課부터 처음으로 漢字가 나오는데

"팔월(八月) 산(山) 강(江) 학교(學校) 선생(先生) 김(金) 운동장(運動場) 생도(生徒) 일전(一錢) 일년(一年) 정월(正月) 약(藥) 의사(醫師) 창가(唱歌) 국기(國旗) 식(式) 세금(稅金) 엽서(葉書) 일기(日氣) 사방(四方) 동(東) 서(西) 남(南) 북(北) 조선(朝鮮) 독립(獨立) 남자(男子) 여자(女子) 세계(世界) 이(二) 삼(三) 육(六) 구(九) 십오(十五) 팔(八) 칠(七) 원(圓) 사(四) 외국(外國) 사시(四時) 한석봉(韓石峰) 삼백(三百) 개성(開城) 산중(山中) 일심(一心)"

과 같이 日常生活에 親近한 말만을 가려내어 그 指導에도 留念한 듯이 보인다. 46單語 66字다.

3. 基本音節表는 보이지 않는다.

위 '한글 첫 걸음'과 '초등 국어교본 상'의 '편찬 경위'와 '半切式'을 버리고 字母式 指導法을 취한 이유를 "한글학회 50년사"에 引用하면 다음과 같다.*

(1) 우리말 되찾은 기쁨

어둡고 괴롭던 일제의 굴레에서 벗어난 8·15해방! 그 얼마나 벅차고, 기쁜 일이었던가? 해방과 더불어 조국과 나라말을 다시 찾은 기쁜 소감의 보기로 한글 학회 사건의 관련자의 말로써 한다면 다음과 같다.

다시 삶의 기쁨2)

……(앞 줄임)……

이제 우리는 우리말로 살고, 우리글로 살자! 먹기도 우리 힘으로 먹고, 입기도 우리힘으로 입자! 모든 살림은 우리 힘, 우리 것으로 살아 가자! 다시는 남의 힘을 바라지 말고, 남의 것을 의지하지 말자!

우리 힘! 우리 것! 이 부르짖음과 이 외침이 온 천하에 들린다. 이 때를 맞아 잠들었던 우리 한글도 다시 눈을 뜨고 일어나서 이에 발맞추어 힘차게 걸음을 떼어 놓았다.

오! 이것이 삶의 기쁨이다. 한글의 다시 살아남! 남의 기쁨! 가슴이 벅차고 핏줄이 뛰논다. 우리의 한글이 한참 잠겨서, 기르고 닦았던 붓들을 다시금 가다듬어, 바른 길을 열어가며 그른 것을 물리치고 우리말과 우리글을 빛나게 하기와 힘 있게 하기를 저의 할 일로 삼아 억세게 나아가리라.

우리 한글은 이제 살아났다.…… (뒤 줄임) ……

1945. 11. 27

그리하였은즉, 우리말은 왜말에 눌려서 병들고 시들고 허덕이며, 젊은이와 어린이는 숫제 배우지도 못한 이가 많았고, 우리 글자는 물론 맞춤법도 몰라서 애달프게 여기기만 하는 한심한 상태였으니, 우리말 교재를 요구하는 소리는 바로 아우성 그것이었다.

---

* 全書, pp.281~303.

2) 『한글』 제11권 1호(통권 94호), pp.2~3.

(2) '한글 첫 걸음'을 엮음

일제가 일으킨 태평양 전쟁으로 휴교 중에 있던 전국의 각급 학교들이 1945년 9월 17일에 내린 미군정 당국의 '일반 명령 제4호'[3]로써 전국 국민학교와 중학교가 동년 9월 24일과 10월 1일에 각각 문을 열었다. 그러나 이렇게 미군정에 의해 문이 열린 초·중등 학교도 공부는 할 수 없었다. 그것은 한국어를 가르칠 교사가 아주 부족했던 까닭이고, 우리말, 우리글로 된 교과서가 한 권도 없었던 까닭이다.

이리하여, 조국의 광복과 독립을 위해 일제로부터 우리말, 우리글을 지키기에 갖은 고생과 많은 희생을 해 온 한글학회 회원들은 힘을 모아 '미군정청 학무국이 주최하는 초·중등학교 교사 한글 교육을 맡아 한글 강습을 시키는 한편, 미 군정 바로 전에 열린(1945. 8. 25) 한글 학회(당시 조선어학회) 긴급 총회는, "교과서가 없는 공부 못하는 초·중등 학교의 시급한 사태에 대처하기 위하여, 교육계·문필계·언론계 등 여러 방면의 협력을 얻어 우선 임시 국어 교재를 엮기로" 결의하고, 동 9월 초에 한글 학회 안에 '국어 교과서 편찬 위원회'를 두고, 다음과 같이 편찬 위원을 뽑아서, 교과서 편찬의 책임을 맡겼다.

국어 교과서 편찬 위원

李熙昇(집필) 李태종(집필) 張志暎(집필) 李浩盛(집필) 尹聖容(집필)
李崇寧(집필) 鄭寅承(집필) 尹在千(집필) 尹福榮(집필) 方鍾鉉(심사)
李世禎(심사) 梁柱東(심사) 趙炳熙(심사) 朱재중(심사) 李克魯(위원)
崔鉉培(위원) 金允經(위원) 金炳濟(위원) 趙潤濟(위원) 李殷相(위원)

이들 교과서 편찬 위원들은 곧 각급 학교 국어 교과서의 편찬에 착수하여, 우선 응급 대책으로 각급 학교 각 학년 공용인 '한글 첫 걸음'을 비롯하여 초·중등 학교의 국어 교과서의 편집이 다 되어 갈 무렵, 때마침 군정청 학무국으로부터 책값의 저렴과

---

3) 오천석, 『한국 신교육사』, pp.389~399.

배본 균평을 기하기 위한 이유로 그 편집 중인 각종 교과서의 발행권만을 군정청에 양도해 달라는 요청을 해 왔다.

이에 우선 '한글 첫 걸음'을 엮어, 군정청 학무국에 무상으로 넘겨서 1945년 11월 6일 출간되었고, 동년 11월 20일에, 한글 학회는 '초등 국어 독본(상)'과 함께, '한글 첫 걸음'을 중앙청 제 1회의실에서 열린 교과서 증정식에서 아놀드 군정 장관에게 증정하였다. 그리고, 같은 자리에서 군정 장관은 다시 국민학교 남녀 학생에게 증정하는 상징적인 절차를 밟고, 곧 전국 초·중등 학교 모든 학생에게 무상으로 배부하였던 것이다.

이처럼 한글 학회가 교재가 없어서 가르칠 수 없는 교육 공백 시대에 맞춰서 나온 '한글 첫 걸음'을 편찬한 사람의 한 사람이었던 윤재천은 그 '한글 첫 걸음' 출간의 기쁨을 '신교육 서설'[4]의 서문에서 다음과 같이 말하고 있다.

> **'한글 첫 걸음' 발행의 기쁨**
> ……9월 초순에 임시 교재 편찬의 의(議)가 성립하자, 한글 학회의 일원에 참가하여, '한글 첫 걸음'을 집필하였읍니다. 서기(暑氣)가 아직 강렬할 때에 방장 오실(方丈奧室)에서 약 2주일 농성(籠城)한 환희, 우리 민족의 국어 교재로 제일 먼저 탄생한 것이 이 '한글 첫 걸음'이었습니다.
> 감격에 넘쳤다. -아닙니다. 눈물도 아깝지 않았읍니다.…(아래 줄임)…

그리고, 미 군정 당시 초대 문교부 장관이었던 오천석은 이 '한글 첫 걸음'에 대하여

> 해방 직후 한글을 보급하기 위하여, 한글 학회 회원들이 만든 것으로서, 짧은 기간 내에 한글의 기초를 배우기에는 호적한 소책자이었다.

4) 윤재천 지음(1946. 11. 7.)

고, '한국 신교육사'[5]에 기록하였다.

(3) 주입적 자모식 편찬 방식

이상과 같은 '한글 첫 걸음'의 내용(서-머리말과 차례)을 보아서도, 알 수 있듯이, 광복된 새 나라에 무엇보다도 시급한 일은 거의 잃어버렸던 우리말, 우리글을 도로 찾는 일이었기 때문에, '한글 첫 걸음'의 편찬 취지가 어떻게 하면 빨리, 그리고 바르게 한글을 배우게 하느냐 하는 데에 있었다.

그래서, '한글 첫 걸음'이 한글을 더 짧은 시일 안에 효과적으로 보급하기 위해서, 주입적 자모식 지도를 할 수 있도록 편찬되었다.

본시 주입식이나 자모식 지도 방법은 글자의 분석적인 지도 방법으로서 나이 어린 학생들에게 적용하기에는 너무도 그들의 심리적인 면을 무시한 방법이어서, 도리어 어린이들의 학습 흥미를 잃게 하는 경우가 더 많아, 좀처럼 어린이의 학습 지도에는 이용하지 않는 방법이다.

그러나 한글을 빨리 보급하기 위해, 우선 머리에 주입시키기에만 맞춘 책이었다.

그리고, 당시 교육자나 학생은 말할 것도 없이 일반 국민은 편집 방식의 검토를 할 겨를도 없이 그냥 반갑게 맞아 들이기만 하였다.

(가) '초등 국어' 편찬 대행

앞에서 말한 바와 같이 한글 학회가 국어 교과서를 엮음에 있어서, 국어 교과서가 모든 교육의 기초 교과로 다루어져야 하는 것을 생각하지 않을 수가 없었고, 무엇보다 우리말, 우리 글을 하루라도 빨리 찾으려는 생각도 아니할 수가 없었다. 곧, 우리의 국어 교육이 해방의 감격과 더불어, 우리 말과 글을 통한 우리의 얼을 다시 찾으려는 생각에서 시작되었다. 이 중에서 '초등

---

5) 오천석, 『한국 신교육사』, pp.389-399.

국어 교본(상)'을 뒤이어서 1946년 1월 15일에 발행된 '한글 교수 지침'(문교부 지은) '머릿말'에,

> **'한글 교수 지침'의 '머리말'**
>
> 모든 박해를 받아 고난의 잔명(남은 목숨)을 간신히 보전하여 온 우리의 글과 우리의 말은 세종 대왕께서 '훈민 정음'을 반포하신 지 제 500년이 되는 오늘날을 당하여 광명(밝)한 천지로 나와 자유의 길을 걷게 되니, 우리 민족의 피가 끓고, 우리의 말과 글을 사랑하는 열정(熱情)이 있는 이로서, 뉘 아니 기뻐하랴? 독립의 종소리가 한 번 일어나자, 방방곡곡에서 한글을 배우려고 모여드는 그들의 열성에 뉘 아니 감격하랴?[6]

라고, 당시 국어 교본의 근본 방향을 뚜렷이 밝히고 있다.

'한글 첫 걸음'이 무엇보다도 시급한 우리말과 우리글을 빨리 익히기 위한 국어 교육을 하기 위하여, 광복 후 첫 교과서로서(곧, 각급 학교의 공통 교과서로서 쓰기 위하여) 발행됐듯이, 이 '한글 첫 걸음'에 뒤이어서 낼 '초등 국어 교본(상)'의 편찬도, '초등 국어 교본(상)'이 국민학교 초급 학년용 국어 교과서로서 초보 교재이니만큼, '한글 학회 교과서 편집 위원'들은 '한글 첫 걸음'과 같은 편찬 방침을 세우고, 우리 나라의 전통적인 한글 공부의 방법이었던 반절식을 전적으로 무시하고, 자모식 지도를 할 수 있도록, 획기적인 편집을 하였었다. 그 '초등 국어 교본(상)의 내용을 소개하면 다음과 같다.[7]

(나) '초등 국어 교본 교수 지침서'의 편찬

그리고, 이 '초등 국어 교본(상)'을 지도하는 교사들에게 '자모식 교수법'을 할 수 있도록 하기 위하여, '한글 교수 지침'[8]에 한글 자모의 지도 방법을 풀이하였다. 이 책의 '머리말'에서 골

---

6) 한글 학회 지음, '한글 교수 지침', 군정청 학무국 발행(1945. 12), '머리말'; 박방의 지음, '국어 교육' 현대 교육 총서 출판부 발행, p.2에서 다시 인용

7) 오천석, 앞에 든 책, pp.5~6에서 인용

8) 조선어 학회 지음, 군정청 학무국 발행(1945. 1. 25), p.45.

자만 요약하면 다음과 같다.

'초등 국어 교본 교수 지침서'의 내용

한글의 본질은 우리말 어음(語音)의 특수성을 인식하여, 재래의 가갸식, 즉 음절 문자화한 지도법을 버리고, 40자모만 충분히 아동에게 이해시키도록 전력을 쓸 것이다.

따라서, '가', '밤', '닭' 등 음절을 한 글자로 지도하지 말고, '가'는 ㄱ(기역 자)과 ㅏ(아자)의 두 자로, '밤'은 ㅂ(비읍 자)과 ㅏ(아자)와 ㅁ(미음 자)의 석 자로 '닭'은 ㄷ(디귿 자)과 ㅏ(아 자) 와 ㄹ(리을 자) 과 ㄱ(기역 자)의 넉 자로 각각 분리하여 지도할 것이다.

예를 들면, 'book'이 소리는 한 음절이나, 이것은 넉 자로 보는 것과 다름 없다. 한글 자태(字態)가 로마자와 달라, 한 음절이 한 글자 같이 표시되는 관계는 여기 이견(異見)을 가진 이도 있으나, 새로 배우는 사람에게는 아무 상관이 없으며, 한 음절의 단위가 명백하므로, 로마자의 철자보다도 도리어 독파(讀破)에 편리할 뿐이다.

(다) 자모식 지도법의 이유

위에 풀이된 바 자모식 지도 방법을 요약해 보면, 한글이 낱내 글자(음절 문자)가 아니라, 낱자(단음 문자)인 점을 말하고, 한글의 자모 24자와 겹글자 "ㄲ, ㄸ, ㅆ, ㅃ, ㅉ, ㅐ, ㅒ, ㅔ, ㅖ, ㅚ, ㅟ, ㅢ, ㅘ, ㅙ, ㅝ, ㅞ"의 16자의 소리도 각각 독립된 자모와 같이 보고, 도합 40개의 음만을 확실히 지도하면 목적을 이루는 것으로 된 것이다.

英語敎育도 alphabet 指導부터

英語를 적는 로마字는 26字에 불과하고 로마字는 同一字를 여러 가지로 발음한다. 一例로 'a'字의 경우

able[ei]	ability[ə]	accent[æ]	air[ɛ]	all[ɔː]	art[ɑː]
Aesop[iː]	any[e]	area[ɛə]	au[o]	ay[a]	aery[i]

와 같이 單語에 따라 발음이 다르므로 個別字의 발음을 익힌다는 것이 그리 큰 意味가 없다. 文章부터 출발하는 까닭이 여기에 있다고 본다.

그러면서도 英語 교과서는 第1卷頭에 alphabet 一覽表가 있는 것이다. 역시 個別字의 이름이나 발음指導나 쓰기指導를 먼저 하는 것이 우리 나라 英語敎育의 定石이 아닌가 한다.

High light

A. Structure

This is Yunhi

How are you this evening?

B. Words and idioms

afternoon	morning	Hi
are(be)	Mr/Miss	Fine
do	Mrs.	Thank you
evening	one	Thanks

우리 나라 舊 英語敎科書의 첫머리

現行 英語敎科書도 卷1 卷頭에 alphabet 一覽表가 나오고 첫 課에 'Good morning, Inho'가 나오는데

Listen :

1 morning
afternoon
evening

2 hello
How…?
fine

3 good-bye

로 시작되어 곧 文章으로 들어간다. 그러나 現場敎師의 證言에 의하면 역시 alphabet의 읽기와 大文字 小文字의 쓰기부터 指導

한다는 것이다.

Nelson Grammar 시리즈 1~5卷은 단계적으로 7~12세에 배우게 되어 있는 책인데 그 卷1의 目次를 보면

의 順으로 되어 있음을 본다. 역시 文字指導가 먼저다.

日語教育도 ひらがな부터

日本의 경우는 어떠한가. 日語를 적는 假名는 46字(51字中 いうえ重出, 종래의 ゐ를 い, ゑ를 え로 쓰므로)다.

濁音 'がざだば'行 20字(中 じ와 ぢ, ず와 づ는 오늘날 발음이 같음)와 半濁音 'ぱ'行 5字 모두 合해야 71字에 きゃ きゅ きょ 등 拗音표기 12行×3=36까지를 合算한다 해도 文字學習의 부담은 그다지 큰 것은 아니다.

그러함에도 그들의 文字教育에 대한 配慮는 참으로 철저하다.

그들 小學校 國語教科書(光村圖書こくご一上かざぐるま, 1981 발행)를 보면 첫머리에

たかい たかい みえる みえる
あおい そら くもの うえ

가 나온다. 분명히 文章으로 시작되어 있다. 그러나 가만히 분석해 보면 'たかい'에서 'あい' 母音, 'みえる'에서 'えう', 'あおい

うえ'에서 5個 母音이 모두 登場하는 것이다. 그러면서 '높고 푸른 하늘'로 어린이의 가슴을 여는 것이다.

그리고 p.35까지에는 ひらがな가 전부 한 번 以上 나오고 그 다음 페이지에는 ひらがな 一覽表가 나온다. 자세한 것은 뒤로 미룬다.9)

日本小學校國語科用教科書(光村圖書발행)의 一考察
-文字教育의 側面에서-

오늘날 日本의 文字體系는 漢字・히라가나(平假名)・가다가나(片假名)・로마字・아라비아數의 5개의 文字體系가 混用되고 있다.

- 漢字 = 주로 自立語의 槪念을 나타내는 部分
- 히라가나(平假名) = 表音的 表記
- 가다가나(片假名) = 動植物名・擬聲語・外國語音・外國人名 地名(필자註 韓國・中國 등 除外) 其他 音을 적은 것을 强調하고 싶을 때
- 로마字 = cm, g, P・K氏 등
- 아라비아數字 = 橫書文字中 數量表示

日本小學校 國語科用 教科書 光村圖書10)

이름	總面數	本文面數
1上　かざぐるま	100	95
1下　ともだち	88	84

9)『日本 小學校 國語科 教科書(光村圖書 발행)의 一考察』-文字教育의 側面에서 本攷.

10) 1981년 발행, 모두 縱組, 1學年用 4・6倍版, 2年 以上 菊版.

2上	たんぽぽ	120	111
2下	赤 とんぽ	120	113
3上	わかば	120	111
3下	あおぞら	120	109
4上	かがやき	136	120
4下	はばたき	136	120
5上	銀河	144	129
5下	大地	144	129
6上	創造	144	129
6下	希望	136	120

ひらがな 指導

1. 1上 p.35까지에 전부 한 번 以上 나온다. pp.36~37 平假名 一覽表가 나온다.

あいうえお かきくけこ式
あかさたな はまやらわ式

으로 읽기 指導를 하고 있다.

2. 文字指導에 들어가자 첫 페이지(p.7)에 "たかい たかい みえる みえる"가 나오고 다음 p.8에 "あおい そら くもの うえ"가 나와 'あいうえお' 5母音을 다루도록 細心한 配慮를 해 왔으며 pp.16~17에 'あいうえお'의 發音하는 입모양을 그리고(開口圖)는 해당 單語(ありいす うし えき おに)를 들어 발음연습을 꾀하고 있다.

3. p.18에서 처음으로 濁音글자(だがば)가 나온다.

4. p.23에서 처음으로 半濁音글자(ぱ)가 나온다.

5. p.24에서 'かき かぎさる ざる ふた ぶた まと まど'처럼 清濁音 分別하는 교육을 고려하고 있다.

6. p.26에서 おかあさん
p.27에서 おじいさん

p.28에서 おねえさん おとうと
p.29에서 ごろう おにいさん

과 같이 長母音指導를 하도록 하였다.

7. p.32에서 いっぱい ぱいって
p.34에서 しまった いっぱん

과 같이 促音指導를 하도록 해 있고

p.37에서 きつね きっぷ
てつぼう てっぽう
やつで やっこだこ

처럼 'つ'와 促音 'っ'의 발음을 구별할 수 있도록 配慮해 있다.

8. p.38에 きゅうしょく
p.40에 でんしゃ ちゃわん
せんしゅ やきゅう
としょ しょうゆ
いしや いしゃ구별

와 같이 拗音(ゃゅょ) 指導를 하고

p.40에 おとを わとは えとへ

와 같이 助詞로 쓰이는 'を は へ'의 指導를 하도록 해 있다.

9. p.96 ひらかな 一覽表 各 ひらがな字 처음 나온 페이지 明示
きゃ きゅ きょ 式

カタカナ指導

1. 1上에서 p.35까지에 ひらかな를 다 다루고 p.66부터는 漢字가 登場하는데 カタカナ는 p.80부터 처음으로 登場한다.

2. 1上~2下까지에 カタカナ 一覽表가 나오는데 濁音・半濁音 キャ キュ キョ式 拗音表도 나온다. カタカナ 教育은 2下까지에 完成된다.

1上　46字中 21字 濁音 4字 半濁音 3字
1下　46字中 21字 濁音 5字 半濁音 2字

半濁音字 5字(パピプペポ) 完成 5字

2上 46字中 4字 濁音 6字

△ 아직 배우지 않은 字

ゲズゾヂヅ 5字

20字

p.114 促音 쓰는 法 ツ ビスケット

길게 빼는 소리의 적는 법 ーハーモニカ

2下 p.114 促音 쓰는 法 ツ トラック

길게 빼는 소리의 적는 法 ーページ

漢字指導

1. 1上 p.66부터 漢字登場

日山(66), 土木一つ(67), 目(70), ロ(71), 金(73)

1上 p.74 かんじの べんきょう(漢字공부)

(一) 그림과 漢字(えとかんじ)(74~75)

象形字 山木川水月口手田

(二) 數와 漢字(かずと かんじ)

一二三四五六七八九十

本 人(數量單位로 쓰이는 글자로서 나옴)

1上 pp.98~99 新出漢字의 읽기 등을 다음과 같이 보이고 있다.

例 : 漢字(かんじ)	읽기(よみかた)	筆順(かきじゅん)	페이지
日	あゐ日	丨冂日日	66

2. 1下~5下까지에는 앞冊까지에서 배운 漢字의 音訓을 들어 놓아 反復練習에 便케 해 있고 讀みかえの漢字(새 읽기의 漢字)라고 해서 새로 읽는 法과 使用例를 보이고 있다.

例 : 漢字	읽기	使用例	페이지
日	にち	日よう日	39

또한 新出字의 筆順을 보이고 있다.

3. 2上~5下까지에는 △표는 아직, 배우지 않은 讀法(まだ習っていない讀み方, 太字は送りがな), ※표는 中學校 以上에서 배울 讀法이라 해서 표시해 있다. 能力에 따라 더 前進할 수 있도록 配慮한 것으로 보인다.

例：音 おん
　　※いん
　　　おと
　　△ね

4. 6上에는 6年間에 배울 漢字 996字라고 해서 音訓을 들고 字典찾기 指導를 위해 部首劃數를 보여 주고 있다.

例：惡 アク　心　11
　　※オ
　　　わるい

6下에는 6년간 배운 漢字 996字라고 해서 部首別 總劃數順으로 排列하고 音訓을 달아 있는데 ※표를 해서 中學校 以上에서 배울 讀法도 보이고 있다.

冊	新出漢字	各學年別漢字	새 읽기 漢字	앞 冊에서 이미 배운 漢字	教育漢字計
1上	31字				
1下	45	76字	10	31	76
2上	88		10	76	164
2下	57	145	24	164	221
3上	119		37	221	340
3下	76	195	39	340	416
4上	129		61	416	545

4下	69	198	59	545	614
5上	126		89	614	740
5下	66	192	54	740	806
6上	128		62	6년간에 배우는 漢字	996
6下	62	190	42	6년간에 배운 漢字	996
	996	996	487		

로마字指導

1. 로마字指導는 4學年 1・2學期에 한다.
2. 로마字로 쓴 日本말 읽기와 日本말을 로마字로 쓰기를 指導한다.
3. 4上下에 각각 로마字表가 실려 있다.

4上에는 ひらかな와 對比한 一覽表
4下에는 ka[kwa] si[shi] ti[chi] tu[ʧu] hu[fu] sya[sha] syu[shu] syo[sho] tya[cha] tyu[chu] tyo[cho] o[wo] …… 등 一覽表로 되어 있다.

4. 4上에서 Sansû Kôsaku hôsô 등 긴소리 적기와 읽기, 促音 Kippu Kitte 등 적기와 읽기를 指導.
 4下에서 大文字와 小文字, 人名地名 적기와 읽기, 同音語異樣表記法과 그 읽기.

Sima-Shima hue-fue
CHIBA(TIBA)

<未完>

結 論

국민학교 1, 2학년 국어 교과서로 쓰이는 '바른 생활'은 '도덕·사회'와의 統合 교과서여서 국어 교과서로서는 不適하다는 여론이 지배적이다.

특히 文字敎育의 측면에서 생각하면 해방 후 '48년 문교부가 펴낸 '바둑이와 철수' 이래 固守해 온 文章式은 지양되어야 하고 漢字敎育이 復活되어야 한다.

文章式은 英語나 日語 敎科書에서는 적합할는지 모르나 국어 교과서에는 적합하지 않다. 24字母라고 하지만 그 결합으로 이루어지는 音節字는 소리낼 수 있는 것만으로도 初聲 19×中聲 21×終聲(현행 받침 28개이나 代表音은 7)=2,793字나 되며 表意化를 지향한 현행 표기법은 字母式 音節式 單語式의 절충 방식에 의한 體系的인 文字指導를 하는 것이 옳은 길이라고 생각한다.

앞으로 국어 교육 課程이 개편되고 새 국어 교과서가 편찬될 경우,

開化期 國語敎科書
조선어학회 지은 국어책
英·日語 敎科書

등이 文字敎育의 側面에서 제대로 照明되어 참고 되기를 바란다.

1. 한글을 體系的으로 가르칠 수 있도록 敎科書가 편찬되어야 한다.

單語를 활용하여 字母法 音節法의 장점을 살리면서 차차 短文을 거쳐 긴 文章으로 나간다. 우선 基本音節表의 글자를 익히게 하되 받침 없는 글자, 다음으로 'ㅐ, ㅔ', 7終聲, 그 밖의 겹母音·홑받침(ㄷ ㅈ ㅊ ㅌ ㅍ ㅎ) 겹받침 쌍받침 된소리 등 段階的으로 한다. 읽기·쓰기의 順으로 일단 骨格이 되는 音節字는 1~1에서 깨치도록 한다.

2. 1~2까지에는 體言과 토, 用言語幹과 語尾의 구별표기, 派生語 표기, 子音同化, 口蓋音化 되는 말 읽기와 쓰기까지를 가르쳐 한글指導의 대체를 마치도록 한다.

3. 1학년 1학기 6월쯤에서부터 段階的으로 漢字를 배당하여 6년 동안

學年	學期	漢字 읽기	漢字 쓰기
1 ~	1・2	50字	–
2 ~	1・2	100字	–
3 ~	1・2	150字	50字
4 ~	1・2	200字	100字
5 ~	1・2	250字	150字
6 ~	1・2	250字	200字
		1,000字	500字

에 900~1,000字 정도의 읽기와 450~500字 정도의 쓰기指導를 목표로 한다.

4. 文字指導와 아울러 發音指導를 위한 配慮를 1∽1 교과서에서부터 한다.(6월경부터가 적절할 듯)

5. 自由中國의 首冊처럼 文字의 體系的 指導를 위해 별도의 敎科書를 생각할 수도 있고 '우리들은 1학년'을 改編하여 初期 文字指導의 場으로 활용하는 方案도 硏究됨직하다. (86.6.11)

〈『人文科學硏究所論文集』第12輯, 仁荷大學校, 1986. 11.〉

漢字政策

國語政策

文字政策

Ⅰ. 序言

光復 後 半世紀가 가까워지고 있는 현 時點에서 아직도 우리의 言語政策 내지 語文敎育 政策은 正道를 걷지 못하고 昏迷를 계속하고 있다.

돌이켜 보면 오늘날 한글專用교육을 뒷받침하고 있는 「한글전용법」은 다음과 같은 理由로 통과했다고 본다.

1. 한글전용이 愛國이라는 생각과 漢字쓰기를 주장하는 것은 貴族主義요, 事大主義的이라는 그릇된 認識이 당시 共産主義者(民族主義的)인 人士들 간에 공통적으로 있었다.
2. 우리 국어에 대한 理解不足과 漢字에 대한 認識不足
3. "必要할 때에는 漢字를 倂用할 수 있다"는 한글전용법의 但書規定이 있고 "小學生에게 필요한 漢字라면 어느 정도 가르칠 수 있다" "公用文書란 敎科書와 같은 것에 미치는 것이 아니다"와 같은 提案者들의 說明을 믿은 것이다.

光復 직후, 온 나라가 한글전용이라는 滔滔한 흐름 속에 휩싸였던 것은 다음과 같은 이유였던 것으로 본다.

(1) 日帝下 억압받던 우리말 우리글을 되찾은 감격
(2) 日帝 때 朝鮮語學會 사건으로 투옥되었다가 풀려 나온 이들 中에서 한글專用을 主導한 이들에게 敬意를 표하게 된 국민의 感情
(3) 光復이 되자 北韓에선 蘇軍進駐下 소련에서 돌아온 共產主義者 金日成 主導下 한글전용이 실행되고 南韓에서도 美軍진주 하 英語 잘하는 親美人士들과 한글전용론자들의 영향이 컸기 때문이다.(1945년 12월에는 조선교육심의회가 초·중등 교육에선 원칙적으로 한글을 쓰고 漢字 안 쓰기를 결의했었다.) 새 政府 수립 후에는 미국에서 돌아온 대통령, 한글전용론자인 문교부장관, 무엇보다도 조선어학회(지금의 한글학회 전신)의 建議도 있었지만 軍政時代부터 계속 6년간 主務局長 자리에 있던 한글전용론의 領首인 人士에 의해 한글전용교육이 主導되었다.

그러나 근원적으로 漢字語는 순 우리말과 함께 國語라는 認識과 漢字는 한글과 함께 國字라는 인식을 가졌어야 옳았다. 그런데 우리는 漢字사용의 歷史가 2千년 이상임에 比해 한글創制는 5백50년도 못되어 1千5百년 이상의 漢字만을 써온 史實을 外面했다. 뿐만 아니라 우리의 傳統文化가 漢字文化라 해도 과언이 아니요, 무엇보다 漢字말이 우리말의 약 70%라는 통계가 있고 등뼈와 같은 存在다. 또한 말은 앞으로도 수없이 늘어나야 되는데, 우리말의 주요한 造語源이 漢字라는 점에 대한 認識이 缺如되어 있었다.

우리는 西歐 여러 민족에 있어서 로마字가 共用文字로 되어 있는 것처럼 漢字는 東洋 여러 나라의 共用文字라는 점이 인식하였어야 했으며 우리나라 固有한 漢字音이 형성되고 漢字말이 만들어졌을 뿐 아니라 中國產·日本產 漢字말도 들어와 우리 漢字音으로 쓰이고 있으니 이들 漢字말이 엄연한 국어임을 인식해야 했다.

우리의 國字인 한글과 漢字에는 각각 長短點이 있는 바, 漢字의 視覺性·造語力·縮約力은 그 長點이며 時空을 초월한 文字임을 인식하여 한글과 漢字의 混用으로 採長補短함이 賢明한 길이었다.

그럼에도 불구하고 漢字는 남의 글자, 漢字말도 순우리말로 고치는 것이 옳다는 風潮속에서 한글전용은 자리를 굳혀온 것이다.

이런 그릇된 認識은 素朴한 民族感情을 자극하고 한글의 優秀性이 과장되고 마치 世宗代의 한글 創制가 한글전용을 위한 것인 양 誤導되어 語文政策, 語文敎育政策의 잘못을 저질러 한글전용 내지 한글전용교육의 갖가지 폐단을 빚어온 것이다.

우리는 특히 한글전용 교과서에 의한 敎育이 漢字語를 한글표기로 해 있어 책을 읽을 수 있으나 그 內容을 제대로 理解하지 못해 敎育의 質 低下를 가져왔고 漢字·漢字語에 대한 지식부족으로 讀書를 제대로 못하며 신문社說 하나 제대로 못 읽고 漢字를 필요로 하는 社會生活에 適應하지 못 하는 半文盲, 쓸모 적은 젊은이를 量産해 온 과거를 하루 빨리 淸算해야 한다고 생각한다.

南韓에서 한글전용을 主導한 崔鉉培, 北韓에서 한글전용을 主導한 것으로 보이는 金枓奉은 한글전용의 鼻祖라고 할 수 있는 周時經의 弟子로서 그 脈을 같이 하고 있다.

그런데 北韓의 金枓奉은 共産主義者요, 南韓의 崔鉉培는 기독교 信者(새문안敎會)였고 최근 밝혀진 바에 의하면 周時經 또한 기독교 信者였다 하니 기독교와 한글전용이 무관하지 않는 듯하다. 共産主義는 노동자 농민을 위해 한글전용을 하게 되고 기독교는 布敎의 필요에 의해 聖書를 번역하는데 한글전용을 하게 된 것으로 보인다.

한글전용의 폐단은 漢字 모르는 半文盲 量産에만 있는 것이 아니다.

한글전용 指向의 표기법이 表意化를 내세워 많은 받침과 지나친 形態素주의로 흘러 視覺性을 살릴 수 있는 얼마간의 利點이 있는 反面, 表意化에 따른 表記의 어려움은 대학출신조차도 올바른 맞춤법을 모른다는 世評이 있을 뿐만 아니라 국민학교 출신들이 책을 읽지도 못하고 제대로 쓰지도 못하는 아이들이 상당수 있다는 신문 기사를 읽은 일도 있다.

한편 外來語표기법에 있어 東洋人名 地名 표기에 있어 漢字표기를 하면 문제가 없을 것을 한글전용론자들의 發想으로 聽覺性을 내세워 原音主義를 고집하는 바람에 中國의 人名표기에 있어 1911년 前後의 표기가 다르고 中國과 日本의 人名표기 원칙의 不一致를 가져오는 등 한글전용 指向의 語文政策은 治癒가 어려울 정도로 深化되고 있는 것이다.

이들 폐단은 國漢混用 정책으로만 轉換하면 해소할 수 있는 문제점들이다.

사실상 오늘날의 우리나라 語文政策이 1984년 국어연구소가 탄생될 때까지는 한글학회에 의해 主導되어온 것이 분명하고 지금도 一部 論者는 계속 한글전용을 고집하여 같은 漢字文化圈의 中國·日本이 漢字恢復勢에 있고 우리 또한 例外일 수 없는 현실을 外面하고 있는 것이다.

그들은 한글世代에 의해 漢字를 덜 쓰는 風潮나 일부 運動圈 학생이 장악하고 있는 大學신문 등이 北쪽의 로동신문을 닮아 한글전용을 하고 있는 추세에 힘입어 목소리를 낮추지 않고 있는 것이다.

Ⅱ. 文字政策 略史

이제 光復 후의 言文 내지 言文敎育政策 중 漢字문제를 중심으로 해 그 略史를 다시 간추려 보면 다음과 같다.

1945. 11. 30	한자폐지회 발족(위원장 李克魯 越北)
1945. 12. 8	美軍政廳 조선교육심의회 "한자사용폐지" 결의, 초·중등학교 敎科書 모두 한글로, 필요한 경우 괄호 안에 漢字

1948. 10. 9	조선어학회 건의로 한글전용법(趙憲泳 修正案) 可決 公布
1949. 6. 12	한글전용촉진회 탄생(위원장 최현배)
1949. 9	漢字使用에 關한 建議案(任永信 提案) 可決
1951. 9	常用漢字 1,000字
1953. 7	한글簡素化案 발표
1956~57	李承晩 大統領 한글전용촉구 담화
1957. 11	新認定漢字 300字 追加한 臨時制限漢字 一覽表
1965	國語科 모든 교과서 漢字 露出된 것으로 改編
1967. 3	문교부 542字 略字試案 발표 한글학회 등 반대로 포기
1968. 1	韓國新聞人協會 新聞漢字 2,000자 選定
1969. 7. 31	韓國語文教育研究會(會長 李熙昇) 발족 이래 漢字教育復活促求 국민학교부터 국어교육의 一環으로 漢字教育할 것과 각급 학교 모든 교과서 國漢混用으로 하자고 促求 建議 聲名 등 계속
1970. 3	각급 학교 모든 교과서 한글改版, 中學校 實業高等學校 漢字教育 廢上(權五柄 문교부장관)
1971. 7. 3	韓國語文硏, 國語國文學會, 國語學會, 韓國國語教育研究會, 語文教育是正促求建議
1971. 9. 21	學術院은 國務總理(金鍾必) 諮問에 答申 "國民學校로부터 단계적으로 漢字教育을 實施하되…" 全的 贊同
1972. 8. 17	中高校 漢字教育用 基礎漢字 選定 발표
1972. 9	中學校와 實業高等學校 漢文教育 復活(閔寬植 文教長官)
1973. 4. 20	劉鳳榮 文公委員 主管 실시한 (72. 4) 大學生의 國語(漢字語) 實力調査報告會(劉鳳榮 南廣祐)
1973. 5. 25	韓國語文硏, 국어국문학회, 국어학회, 韓國國語教育研究會 국민학교부터 국어교육의 一環으로 漢字教育할 것 促求
1975. 3	中高校 國語教科書를 괄호 안 漢字 復活
1975. 6. 26	國民學校부터 漢字教育을 實施하는 것이 좋다는 大韓教聯의 建議로 빠르면 내년부터 실시할 것을 檢討

	추진 중임을 발표(柳基春장관)
1977. 8. 18	朴正熙 大統領 常用漢字에 관해 談話 발표 "현실적으로 常用되고 있는 漢字를 없애자는 주장도 옳지 않지만…" 견해 피력
1978. 7. 4	韓國語文硏 등 73個 학술단체 및 345名의 各界 著名人士의 連署同調로 국민학교부터 국어교육의 一環으로 漢字가 노출된 教科書로 漢字教育을 한 것과 教育을 有機的 반복적으로 행할 때 그 效果를 거둘 수 있음에 비추어 모든 教科書에도 필요한 漢字를 혼용하라고 促求
1979. 3	韓國語文硏 常用漢字 1,800字案 발표
1981. 5. 31	국민학교 漢字教育復活과 漢字混用교과서 편찬을 바라는 建議書(8次까지 총 4,571名 署名)
1981. 8	韓國語文硏 新聞用 略字 181字 選定 發表
1986. 1	새 「外來語표기법」 문교부 告示
1989. 3. 1	한글맞춤법 표준어규정 문교부 告示
1984. 4. 10	국어연구소 발족
1987. 7. 20	국민학교의 漢字教育, 正課時間에 國漢混用 教科書로 施行 建議(韓國語文硏 등 6개 學術團體와 支持署名 1991. 8 現在 前총리 6名, 前 文教長官 9名, 學·藝術會員 113名, 前現職 國會議員 488名 포함 13,649名)
1990. 4	국어연구소, 국어연구원으로 승격
1990. 11. 24	韓國語文硏, 韓國國語教育硏究會, 한국국어교육학회, 韓國漢文教育硏究會 공동으로 常用漢字 2,000字 姓名用, 地名用 漢字 300字를 확정 발표
1992. 2	韓國語文硏, 韓國國語教育硏究會, 한국국어교육학회, 漢字教育振興會의 "漢字 漢文教育의 正常化를 위한 우리의 見解" 즉

1. 漢字教育은 國語教育의 一環으로 國民學校부터 段階的으로 해야 한다.
2. 漢字教育은 初·中·高를 통해 모든 教科書에 필요

할 때 漢字를 섞어 그 學習效果를 높여야한다. 한편 中高校에서 漢文敎育은 從前대로 하기를 主張한다.

를 積極支持하며 그 趣意에 贊同하여 署名한 團長

- 言論團體長 : 東亞(名譽會長), 朝鮮·韓國(會長), 京鄕·世界·文化日報·中央(社長), 光州·大田·忠淸·東洋·全北(社長), 文化放送·SBS(社長)
- 大學總長 : 江原·慶熙·水原·仁荷·中央
- 社會 文化 學術團體長 : 光復會·顯正會·憲政會·成均館·韓日協力(案員)會·仁村紀念會·民族文化推進會·高麗中央學院·韓中友好協會(長) 등 227개 團體長(92. 3. 2 現在)

Ⅲ. 文敎政策 改善을 위한 提案

1. 常用漢字 문제

韓·中·日 漢字 문제에 있어 常用漢字의 現況은 어떠한가.

- **中國** : 現代漢語常用字表(國家語言文字工作案員會漢字處 編 語文出版社 刊 1987編, 1988. 1刊)에 따르면 常用漢字 3,500字(常用漢字 2,500字, 次常用漢字 1,000字)로 되어 있다. 臺灣은 常用漢字 標準字體表 4,808字와 次常用漢字 標準字體表 4,399字란 것이 中華民國 71년(1982년) 敎育部에서 공포된 바 있다.
- **日本** : 1981년부터 1,945字의 常用漢字와 166字의 人名用漢字를 써오다가 다시 118字의 人名用漢字를 追加하고 있다.
- **北韓** : 常用漢字라는 것이 定해진 것은 없고 大學에서 3,000字의 漢字를 교육하고 있다 한다.(그 漢字 3,000字는 語文硏究 59 · 60호에 실림)

○ **韓國** : 1972년 문교부에서 制定한 漢文敎育用 基礎漢字 1,800字가 있어 常用漢字 구실을 하고 있는 셈이다.

그러나 漢文敎育用이라는 特性 때문에 常用漢字로서는 不適字가 상당수 있어 韓國語文敎育硏究會에서는 1979년에 169字를 添削하여 常用漢字案을 만든 바 있고 한편 韓國新聞人協會에서는 이들에 앞서 新聞漢字라 하여 2,000字를 選定 발표한 바 있다.

그러나 中國·日本·北韓의 常用漢字 現況이나 大學生들이 제대로 新聞이나 敎材조차 읽지 못하는 현실, 基礎漢字 1,000字의 읽기 쓰기 成績도 低調(語文硏究 67호, 語文會報 創刊號 참조)한 사실에 대처하기 위해 語文政策語文敎育政策 正常化운동의 하나로 韓國語文敎育硏究會, 韓國國語敎育硏究會, 한국국어교육학회, 韓國漢文敎育硏究會 4個 학술단체에서는 1990. 11. 24 常用漢字 2,000字와 姓名·地名用 300字案을 발표한 바 있다. (語文硏究 68호와 語文會報 제2호).

이것은 漢文敎育用 基礎漢字가 漢文敎育用으로는 물론이요, 日常生活用으로도 미흡하므로 그 내용을 보충하여 傳統文化의 繼承發展과 東洋文化圈에서의 國際交流에 副應하기 위한 것이다.

이것은 하나의 案에 불과하므로 앞으로도 各界의 意見을 들어 修正補完할 예정이다.

4개 학회는 계속 작업으로 學術硏究나 大學敎育을 위해 1,500字(姓名·地名用 漢字포함)의 準常用漢字를 選定하고 審議를 곧 하게 될 것이다.

이 3,500字案(常用漢字 2,000字 + 準常用漢字 1,500字)이 마련되면 日本 北韓은 물론 中國의 常用漢字의 대부분까지도 理解하는데 큰 不便은 줄어들 것이다.

2. 한자교육 문제

韓·中·日 3國의 漢字敎育 現況은 어떠한가.

○ 중국

現代漢語常用字表(國家語文字工作案員會漢字處 編, 語文出版社 刊 1987編, 1988. 1刊) 前言에 常用字의 統計資料라 하여 15種이 紹介되어 있는데 그 12에 『六年制小學 語文統編教材全字表(3189자)-1984年 人民教育出版社』라 있으므로 小學校 6년 동안에 新出字가 3,189字라는 것이다.

六年制 小學課本別 生字表(生字란 新出字의 뜻)는 各課本(教科書) 뒤에 붙어 있는데 다음과 같다.

第一冊	201字	*第二冊	338字		
第三冊	392字	*第四冊	421字		
第五冊	288字	*第六冊	313字		
第七冊	163字	第八冊	131字		
第九冊	121字	第十冊	110字		
第十一冊	91字	第十二冊	82字	合	2,651字

*는 '全日制 六年制小學課本'이라 되어 있고 그 밖은 六年制 小學課本으로 되어 있음. 同種의 教科書가 아닌 것이 3冊 있으므로 이 統計는 참고에 不過함.

그리고 그 教科書에는 新出字에 限해

人 民(min) 大 會(hui) 堂(tang) (語文 第一冊)

深 秋 的 清 晨(Chén) 是 寒(hán) 冷(lěng) 的(語文 第三冊)

大海退潮(Cháo)了 (語文 第五冊)

와 같이 低학년에서는 신출자 위에 「min」('민')처럼 병음표시를 하고 3학년부터는 신출자에 「潮(Cháo)」처럼 괄호 안에 拚音표시가 돼 있다.

한편 現代漢語常用字表(北京教育出版社 刊 1984. 4, 1987. 4. 1版 刊) 附錄 一에는 中學語文教材生字表가 나오는데

初中語文 第一冊	377字	高中語文 第一冊	179字
初中語文 第二冊	219字	高中語文 第二冊	164字
初中語文 第三冊	224字	高中語文 第三冊	155字
初中語文 第四冊	230字	高中語文 第四冊	108字
初中語文 第五冊	120字		
初中語文 第六冊	119字		
		以上 十冊 統計	1,895字

로 되어 앞의 六年制의 小學課本에 나타난 新出字 2,651字를 합치면 2,651字+1,895字=4,546字를 小學(6년), 初中(3년), 高中(2년)에 걸친 11년 동안에 新出字로서 배우게 되는 것이다.

○ 日本

小學校에서는 1,006字를 가르치는데 1년 80字, 2년 160자, 3·4년 각 200字, 5년 185, 6년 181字로 되어 있다.

中學까지에 1,945字(別途로 人名用 漢字 116字+118字=284字)의 常用漢字를 가르치는데 高校까지에는 쓰기까지의 完成을 期하고 있다 하는 바 高入試에서 常用漢字의 쓰기까지를 出題하므로 사실상 中學課程에서 常用漢字 교육을 마치는 셈이라 한다.

한편 小·中·高에서 모든 교과서를 漢字가나 混用교과서로 그 교육의 徹底를 期하고 있는 것이다.

뿐만 아니라 幼稚園(약 1千개)에서의 漢字교육이 盛行하여 800~1,000字 정도의 읽기를 지도하는 곳도 있다 한다.

○ 北韓

해방 후 한글專用이던 北韓은 64년, 66년 두 차례에 걸친 '金日成' 교시에 의해 68년부터 漢字敎育을 復活하고 漢文時間에 國漢文混用讀本에 의해 漢字敎育이 행해지고 있다.

우리의 국민학교 5학년부터 中2까지에 해당하는 기간에 1,500字, 大學까지의 기간에는 3,000字의 漢字敎育을 하고 있다는 것이다. (北韓 漢字敎育資料 1,500字, 3,000字는 語文敎育 59·60호)

79년 평양에서 발행한 漢字敎育用 「國漢混用讀本」과 83년 3월 北韓의 「인민학교, 고등중학교 課程案」과 83년 3월 北韓의 「인민학교, 고등중학교 課程案」에 의하면 고등중학교 1학년(우리 國校 5)부터 國漢混用讀本으로 漢字敎育을 하고 있으며, 우리 國 5에서는 週 2시간, 國 6에서는 1학기에 週 2시간, 2학기에 1시간씩의 漢字敎育을 하고 있는 것으로 보인다. (語文硏究61호 北韓의 漢字敎育)

○ 韓國

第6次 敎育課程에서는 漢字를 英語·컴퓨터와 함께 選擇으로 가르치겠다 한다.

이와는 별도로 국어교과서에 漢字를 混用하여 국어교육의 一環으로 漢字교육을 해야 한다.

日本이 1,945字를 混用漢字로 定했음은 그들이 패전을 切齒腐心하고 臥薪嘗膽하는 심정의 표현으로 본다. 그들의 底意가 두렵지 않은가. 이 漢字敎育의 철저로 그들은 世界第一의 讀書國이 된 것이다.

그런데 우리는 어떠한가. 光復 후 47년이 되어가건만 語文政策 내지 語文敎育 政策은 正道를 걷지 못한 채 오늘에 이른 것이다.

1項 常用漢字 문제 項에서 4個 語文敎育관계 學術團體 공동으로 常用漢字 2,000字, 姓名·地名用 漢字 300字를 制定한 바 있으므로 그 常用漢字를 고등학교까지에 段階的으로 가르쳤으면 한다. 그러나 그 數는 서울올림픽 한국 飛躍의 해를 잊지 않게 하고 온 국민에게 民族的 矜持를 느끼게 할 수 있는 1,988字로 定해도 좋다고 생각한다.

1. 국민학교에서는 1,000字 정도를 精選 하여 그 읽기를 가르치고 3학년 이상에서 500字 정도의 쓰기를 지도한다.

1학년 50字	2학년 100字	3학년 150字
4학년 200字	5·6학년 각 250字	계 1,000字

2. 중학교까지에 常用漢字의 읽기를 완성하고 適切한 數의 쓰기를 지도한다.

3. 고등학교까지에는 常用漢字 쓰기까지를 완성함을 목표로 한다

4.우선 국어교과서에 漢字를 섞어 가르치고 다른 교과서에서는 國語 교과서에서 배우 범위 안에서 漢字를 섞어주도록 한다.

5. 常用漢字 외의 漢字語에는 讀音을 달아준다.

例 : 李穡(색) 天馬塚(총) 瞻(첨)星臺 酪(낙)農 漢拏(라)山

3. 表記法 문제

현재 公布되고 있는 現行 맞춤법이 前 맞춤법에 比해 약간의 修正이 加해져 좀 나아진 一面이 있으나 지나친 表意化를 꾀한 點에선 前 맞춤법과 大同小異한 것이어서 問題點은 여전히 남아있다.

現行 맞춤법의 元祖는 周時經인데 訓民에서 正音의 「終聲復用初聲」이라 한 것과 龍飛御天歌의 곶, 높고, 좇거늘 등 「ㄱㅍㅊ」받침의 表記例를 따라 28받침을 案出 해냈던 것이다.

그러나 1933년 「한글맞춤법통일안」이 制定된 후, 1940년에 나타난 訓民正音解例本에 분명히 「ㄱㅇㄷㄴㅂㅁㅅㄹ: 八字可足用」이라 해 있으니, 이것이 訓民正音 創制 參與者들의 集的된 意見으로 보아야 옳고 또 사실상 釋譜詳節 이후 문헌에서는 ㅈㅊㅿ→ㅅ, ㅌ→ㄷ, ㅍ→ㅂ으로 되고 訓蒙字會凡例에는 初聲 終聲 通用八字라 하여 ㄱㄴㄷㄹㅁㅂㅅㅇ을 들어 놓았던 것이다. 그 후 다시 ㄷ→ㅅ이 되어 7終聲(ㄺ ㄻ ㄼ 겹받침과 함께 10받침)을 오랜 세월 써 왔던 것이다. 이것은 實用의 便宜에서 온 것이요, 이 規制없는 오랜 세월의 言衆의 表記意識이 맞춤법의 大衆化를 위해 크게 참고가 될 듯도 하다.

만약에 조선어학회에 의해 만들어진 '한글맞춤법통일안'이 나오기 以前에 訓民正音解例本이 나타나 終聲解의 '八終聲可足用'을 알았던들 현재와 같은 맞춤법은 나올 수가 없었을 것이다.

日帝末期 그들의 國語抹殺政策으로 解例本은 빛을 못보고 조선어학회사건으로 우리의 선배학자들이 大擧檢擧되어 투옥되는 바람에 表記法에 대한 재검토의 여유도 없이 光復을 맞은 것이다.

45년 이후 南北韓이 모두 어수선하던 때에 국어교육을 함에 있어 한글맞춤법통일안이 國語表記法 구실을 한 것은 당연한 추세였다. 더구나 北에선 周時經의 首弟子인 金枓奉이, 南에선 역시 周時經의 弟子인 崔鉉培가 각각 語文정책의 主務者였으므로 南北의표기법은 大同小異하여 「통일」이란 視角에서 생각하면 多幸이었다고 생각할 수도 있을 것이다.

그런데 光復 후 南北韓이 漢字폐지를 생각한 것이 모두 外勢(美·蘇)의 영향이었음이 틀림없는데 自主的인 統一을 至上목표로 할 때 한글전용 정책은 止揚되어야 한다고 생각한다.

이 한글전용정책 止揚과 함께 생각해야 할 문제가 바로 統一을 對備해서 우리 國語正書法이 訓民正音 制定 당시의 制定 參與者들의 表記意識이 크게 尊重되어 再考되는 방향으로 硏究되어야 한다고 생각한다.

現行 맞춤법의 問題點은 지나치게 表意化를 꾀한 나머지 視覺的으로 빨리 그 뜻을 알아보는 약간의 利點은 있으나 맞춤법을 외고, 옳게 書寫하는데의 부담과 혼란이 크다는 점이다. 得보다 失이 많다는 것이다.

국민학교 6년간의 義務敎育을 마친 이들로 하여금 틀림없는 表記生活을 할 수 있게 해야 할 것인 바, 現行맞춤법(前 것에 비해 좀 쉬워졌으나)의 習得은 大學을 卒業하고도 만족스럽지 못하다는 것이 衆論이다.

이번 맞춤법 改定作業 당시에 初·中·高·大學生이나 一般 社會人士들의 받아쓰기를 하지 않은 것은 미처 생각하지 못한 것인지 故意的인 것이었는지 알 수 없으나 어떻든 失手였음은 분명하다. 받아쓰기 등 결과에 대한 학자의 科學的인 診斷이 있어야 옳았다고 본다. 診斷없는 處方은 效果的일 수 없다.

표기법에 있어서 體言과 用言과는 같이 論할 수 없는 條件이 있다. 첫째, 體言은 獨立性이 있으나 用言은 機能要素가 첨가되어야 비로소 具體的 意味의 표현이 가능하다는 점, 둘째로 體言에는 수많은 漢字語가 있어 古來로 "六龍이, 天神이시니, 日用에, 天命을, 竹園으로"처럼 토와의 분리표기가 행해졌는데 이것은 순우리말 表記에도 영향을 끼쳤던 것이다.

그러나 用言의 경우에 있어서는 다만 漢字말 名詞에서 轉成된 동사나 형용사의 경우, 「開拓하다, 寂寞하다, 回答하다」와 같이 漢字말과 「하다」와의 구별표기는 예부터 있어오던 것이며 또한 「開拓·寂寞·回答」 등 漢字말에 대한 意識이 分明할 뿐만 아니라 「하다」가 붙는 동사·형용사가 지극히 많으므로 이것의 구별표기는 해야 할 것이다.

語幹과 語尾 구별표기에 있어 「ㄱㄴㄷㄹㅁㅂㅅㅇㅈㅊㅌㅍ ㄺ ㄻ ㄼ」의 14개 받침(語幹에 ㅇ받침 붙는 말은 없음)을 子音語尾 위에서나 派生語接尾辭 「기」 위에서만 종전대로 그 原形을 밝혀 적으면 뜻 分別에 그렇게 큰 不便은 없을 것이다. 지나친 表意化로 받아쓰기 成績은 너무 低調한 것이다.

필자로선 訓民正音解例終聲本의 「ㄱㆁㄷㄴㅂㅁㅅㄹ可足用」의 精神을 살리고 傳統性이 있는 「ㄺㄻㄼ」의 세겹받침과 「ㅈㅊㅌㅍ」은 龍歌나 月印에 쓰였을 뿐 아니라 體言用言에 두루 쓰이고 그 用例도 비교적 많으므로 子音語尾 위에서나 派生語接尾辭 위에서만 表意化의 長點도 얼마간 살리는 것이 좋겠다는 생각이다.

體言과 토를 구별해 적는 원칙을 살리더라도 體言에는 「ㅎㄵㄶㄾㄿㅀㅆ」받침은 없으므로 맞춤법은 훨씬 쉬워지고, 글자(音節文字)數도 많이 줄어들 것이다.

현행 한글 맞춤법의 받침은 27개(ㄱㄴㄷㄹㅁㅂㅅㅇㅈㅊㅋㅌㅍㅎㄲ ㄵㄶㄺㄻㄼㄽㄾㄿㅀㅆ)인데 그 중 15개 받침만을 쓰고 12개 받침을 줄이자는 것이다.

(1) 한글맞춤법통일안 制定以前에는 ㅋㅎㄲㄵㄶㄾㄿㅀㅆ 8받침은 實用例가 없다.

(2) 1959년 문교부의 文字頻度調査에 의하면 20萬字 중 ㅋ(0)

ㄹㅅ(0) ㄹㅌ(1) ㄹㅍ(2) ㄱㅅ(4)로 나타나 있다. 表音文字 중 이러한 實用例를 보이는 것은 世界에서 유례없는 일이다.

(3) ㅎ 系列 받침 "ㅎ ㄶ ㅀ"을 없애자는 것.

'좋으니 끊어 끓는'들이 ㅎ소리가 脫落되어 발음됨은 누구나 是認할 것이다. ㅅ변칙이나 ㅂ변칙은 변칙活用대로 '이으니, 더워서'로 적으면서 母音語尾 위에서 ㅎ받침만을 고집하는 것은 衡平의 원칙에도 어긋나는 것이다.

이번 맞춤법 改定에서 '용코, 심심케, 입각케, 설립케'로 고친 것은 英斷이었다.

(4) ㅆ받침의 利點은 '있(有)'하나에 있다. ㅆ받침語는 略語표기를 생각하면 90안팎이나 되는데 '있다' 하나의 視覺性을 위해 이 숱한 ㅆ받침을 하는 것은 得보다 失이 크다.

이번에 '있습니다, 없습니다' 表記로 고친 것은 현행으로선 合理的으로 고쳐진 셈인데 大衆으로서는 '있사오니, 없사오니, 하겠습니다, 가엾습니다' 표기보다 '잇사오니, 업사오니, 하겟습니다, 가엽습니다'를 편하다고 생각할 것이다.

(5) 「ㄺㄻㄼ」 받침은 歷史的으로 '늙ᄂᆞ니라, 옮ᄂᆞ니, 닮디, 엷디'의 표기법이 이어져 왔을 뿐 아니라 각각 뒷받침 'ㄱ(닭) ㅁ(삶게) ㅂ(밟지)'으로 발음되어 각각 앞받침 'ㄱ(몫·밖·닦), ㄹ(돐·훑·끓), ㄴ(앉·끊), ㅂ(값·없), ㅅ(있)'으로 발음됨과 다르다.

(6) 한글학회 지은 큰사전에 의하면 「밟」, 「첫밗」과 같은 表題語가 실려 있는데 이것은 현행 맞춤법 精神에 입각한 표기라 하겠다.

이런 표기법에 따르면 '脈시, 싹[芽]시, 녹[銹]시, 그런即슨, 身色시, 怯시, 밥시(忠淸方言 밥이), 읍시(全羅方言없이), 남게(나무에), 말레(마루에), 팟기(팥기), 숫기(숯이)'와 같은 표기가 모두 겹받침 표기가 돼야 한다.

뿐만 아니라 '어떻게(어떠케)하다'의 준말을 '어떡하다'로 적고 있으나 'ㅋ'받침이 合理的이고 '뷕'의 단모음화된 '벅'도 ㅋ받침으로 적어야 옳다.

또한 '볶다·닦다'의 된소리 표기를 위해서는 또 새 글자가 늘어나게 되어 音韻변화나 다양한 사투리 표기를 위해서는 항상 流動的인데 表音文字 數는 固定되어 있어야 合理的이라고 생각한다.

결론적으로 世宗大王의 '愚民으로 하여금 쉽게 익혀 쓰도록 하겠다'는 精神과 1933년 우리의 선배들이 애써 制定한 한글맞춤법의 表意化 정신은 어느 정도 살리되 義務敎育을 마친 사람이면 누구나 옳게 쓸 수 있도록 하자는 것이다.

4. 略字(簡字) 문제

○ 中國

1964년 5월 文字改革案員會는 簡字總表를 편집 발행해서 簡字使用의 基準을 삼았다. 이 總表에는 2,238字(2字 중복)의 簡字가 收錄되어 있다. 그리고 1977년 12월에는 國務院의 承認을 얻어 中國文字改革案員會가 第2次 漢字簡略化案(草案)을 발표했는데 1986년 1월 中國共産·黨中央政治局員인 胡喬木으로부터 試用中止의 宣言이 있었다.

簡字는 正字에 比해 배우기 쉽고 쓰기 쉽다. 그러므로 노동자·농민·兵士·국민학교 어린이, 그리고 敎師까지 포함한 넓은 층의 大衆이 簡字를 크게 환영했다. 그러나 中國의 簡字가 문제된 것은

- 애써 漢字를 배워온 사람들이 다시 무식장이가 된다.
- 海外의 수천만 명 華僑들을 敎育할 방법이 없다.
- 새로 簡字를 배운 이들을 正字로 기록된 역사나 文物을 배우기 어렵다.
- 韓國·日本 등과 文化交流에 벽이 생긴다.

와 같은 점이다.

1986년 1월 胡喬木은 "字典·百科辭典 및 컴퓨터의 漢字記憶裝置에 많은 어려움이 수반되는 것을 피하기 위해 第2次簡字案을 중지하는 동시에, 社會에서의 用字의 혼란상을 是正하는 조치를 취할

方針이다"라고 한 것은 簡字에 대한 再檢討도 있을 것임을 示唆한 것으로 보인다.

漢字의 情報化는 漢字의 教育·學習·打字·文選·組版·檢索을 포함하여 특히 컴퓨터는 漢字를 이용할 수 있게 해야 한다. 이 문제가 해결되지 않는다면 우리나라 工業化, 近代化에 매우 不利하다라고도 하고 具體的 原則과 方法을 제시하고도 있다.

○ 日本

常用漢字 1,945字 중 常學圖書編 "新しい國語の表記"(1981.5)에 보면 357字의 略字 一覽表가 나와 있다. 이 357字의 日本略字(新字體)란 거의가 우리 古文獻에 實用例가 있고 우리에게 없는 것은 中國文獻에 있는 것도 있다.

○ 韓國

中國의 簡字, 日本의 略字는 國家次元의 것이지만 韓國은 事情이 다르다. 다만 韓國語文教育研究會(1981. 語文研究30호, 一潮閣)의 新聞用略字(試案) 181字가 있을 뿐이다.

漢字의 어려움은 특히 쓰기(書寫)에 있다. 例컨대 '竜・亀'자가 여러 漢字 가운데 있을 때 그 識別이 어려운 것이 아니며 그 글자 쓰기가 어려우므로 '龍・亀(韓・日)'와 같은 略字化가 필요한 것이다.

그러나 컴퓨터의 登場으로 글자쓰기의 어려움은 크게 덜어지게 된 것이다.

이 略字(簡字) 문제는 三國이 共同研究機構 같은 것을 만들어 最大限 一元化하는 作業으로 共同利益을 追求하는 노력이 있었으면 한다.

5. 外來語 표기법 문제

改定된 外來語 표기법이 종전의 표기법에 比해 훨씬 나아진 것이 사실이다.

그러나 現實을 外面한 한글전용 指向의 표기법은 再考되어야 할 것으로 생각한다.

한글학회 큰사전(1947년 刊) 범례에 보이는 "외래어 표시의 부호"에는

영-영어(英語)	도-도이치말(獨逸語)
프-프랑스말(佛蘭西語)	이-이탈리아말(伊太利語)
그-그릭(希臘語)	라-라틴말(Latin語)
노-노서아말(露西亞語)	홀-홀런드말(和蘭語)
벨-벨점말(白耳義語)	스-에스파냐말(西班牙語)
중-중국말(中國語)	일-일본말(日本語)

등으로 나와 있고,

국어대사전(이희승 편)에는 그 일러두기에

나-나전어	노-노서아어
독-독일어	백-백이의어
불-불란서어	서-서반아어
이-이태리어	일-일본어
중-중국어	화란-화란어
희-희랍어	

등으로 되어 있어 前者와는 다른 표기다. 앞의 것이 한글전용 지향임에 比해 뒤의 것은 現實尊重으로 전통적이라 할 만하다.

이들을 "羅·露·獨·白·佛·西·伊·日·中·和·希"로 적어 온 게 전통이요, 현재도 거의 社會에선 통용되는 표기라고 생각한다. 漢字 표기가 視覺性에 있어 "라틴·러시아·벨기에·프랑스·스페인(에스파니아)·이탈리아·네덜란드(홀란드)·그리스"보다 얼마나 수월한가. 漢字라서 그 쓰기가 어려운 흠이 있지만 컴퓨터의 보급으로 音만 알면 쉽게 처리할 수 있는 시대가

된 것이다.

그런데 현행 외래어 표기법에서는, "영어 · 독일어 · 프랑스어 · 에스파니아어 · 이탈리아어 · 일본어 · 중국어"라고 하여 "영어 · 독일어 · 일본어 · 중국어"라고 하면서 "프랑스어……"와 같이 二元的인 표기 태도를 보였다.

이와 같은 표기는 동양의 인명, 지명 표기에도 나타나 있다.

그 '제1항'을 보면 "중국 인명은 과거인은 종전의 한자음대로 표기하고 현대인은 원칙적으로 중국어 표기법에 따라 표기하되, 필요한 경우 한자를 병기한다".

제2항 중국의 역사 지명으로서 현재 쓰이지 않는 것은 우리 한자음대로 하고, 현재 지명과 동일한 것은 중국의 표기법에 따라 표기하되, 필요한 경우 한자를 병기한다.

제3항 일본의 인명과 지명은 과거와 현대의 구분 없이 일본어 표기법에 따라 표기하는 것을 원칙으로 하되, 필요한 경우 한자도 병기한다.

제4항 중국 및 일본의 지명 가운데 한국 한자음으로 읽는 관용이 있는 것은 이를 허용한다.

제1항의 경우, 중국의 人名에 대하여는 1911년 辛亥革命을 기준으로 하여 과거의 人名에 대해서는 우리의 漢字音으로 읽고 그 이후의 人名인 경우에는 중국어의 발음에 충실하도록 한다는 것이다.

一例로 '胡適'은 1891년生∽1962년卒이므로 出生 당시의 姓은 '호'요, 1927년 北京大 교수로 있을 때는 'Hu'로 하자는 것이다. '胡適'의 조상은 '胡'가요, 그의 後孫은 '후'哥가 되는 것이다.

'제3항'의 "일본의 인명, 지명은 과거와 현대의 구분 없이 일본어 표기법에 따라 표기하는 것을 원칙으로 하되, 필요한 경우 한자로 병기한다"는 조항은 '제1항'과 相異한 규정으로 같은 文化圈이면서 一貫된 표기법이 아님은 合理的이 아니다.

中國에 있어 古今이 다르고 中 · 日에 있어 相異한 規定을 적용하려함은 이치에 맞지 않는다. 한마디로 한글전용 政策만 止

揚한다면

東京(동경)　京都(경도)　上海(상해)　臺灣(대만)　黃河(황하)

표기면 되고 "도쿄, 교토, 상하이, 타이완, 황허" 같은 발음은 外交上이거나 現地人과의 對話에서나 필요하면 '御岳, 珠江, 利島, 早川, 玉山'과 같은 漢字 표기면 바로 '山이나 江, 島(섬)'임을 즉각 알 수 있을 것을 구차스럽게 '온타케산, 주장강, 도시마섬, 하야카와강, 위산산'이라고 표기하기로 되었는데 '위산산'은 어색하기 이를 데 없는 표기다.

〈『蘭臺 李應百 博士 古稀紀念論文集』, 한샘, 1992.〉

國語·國字에 대한 새로운 理解

우리나라 사람이면 누구나 쓰고 있는 우리말이나 우리 글자, 그러면서도 제대로 理解되고 있지 않은 우리말이나 우리 글자다.

나는 여러분이 대부분 教員이라는 직업을 가지고 있고, 教養人으로서 國語國字에 대한 올바른 理解가 있어야 한다고 생각한다. 이제 나는 國語國字에 대한 새로운 理解를 위해 個條別로 생각나는 차례에 따라 써보려 한다.

1) 우리 國語에는 크게 순우리말·漢字말·外來語가 있다. 漢字말을 外來語에 포함시키는 이도 있지마는 나는 따로 세우는 것이 좋다고 생각한다. 한글학회에서 나온 큰사전(1957년)에는 순우리말 56,115(표준말), 漢字말 81,362, 외래어 2,987로 漢字말이 순우리말의 약 1.5倍가 되는 것이다. 그런데 최근 밝혀진 李熙昇편 「국어대사전」의 통계에 따르면 漢字말이 國語의 約 70%가 되어 순우리말의 2.8倍 곧 거의 3倍가 된다는 것이다.

이런 절대적인 漢字의 漢字말 中에는 물론, 中國이나 日本에서 만들어져 들어온 것도 있지마는 우리 祖上이나 우리들에 의해 만들어진 國産語가 대부분이요, 또한 漢字는 중국에서 만들어졌다고 하지만(韓國民族이 만들었다는 주장을 하는 학자도 있다), 그 漢字音은 우리 固有의 것이다. 學校를 '학교'로 발음하는 것은 우리뿐이지 中國에서도 日本에서도 '학교'는 아니다. 어느 모로 보나 漢字말은 다른 外來語와는 딴판으로 다르다. 따라서 漢字말을 中國語쯤으로 생각하는 것은 무식에서 오는 착각이다. 漢字語는 당당한 국어임을 認識해야 한다.

2) 순우리말은 "손·발·코·입·머리·말·술떡·가다·오다·먹다·자다·하나·둘·아버지·어머니·기쁘다·슬프다·아프다·즐겁다"처럼 太古이래로 쓰여 왔을 말들, 말하자면 生活國語이거나 感情表出에 必要한 말들이 대부분임에 비해 漢字말은 觀念語·文化語·學術用語 등 좀 高級스런 概念을 나타내는 말이 대부분이 아닌가 한다. 그러므로 자연學問을 한다거나 高級스런 文化生活을 營爲하는 사람에게 있어서는 많은 漢字語의 驅使가 불가피한 것이다.

3) 우리가 漢字를 빌어 써온 것은 2千年 以上으로 보아야 할 것이다. 그런데 世宗代에 한글을 만들었으니 한글이 만들어진 것은 5백40년이 못된다. 한글이 만들어지기 前 1천 5백년 以上을 漢字를 빌어쓰는 生活을 해온 것이다. 물론, 한글 創制 후에도 漢字는 계속 우리말을 적는 글자로 쓰여왔다. 이렇게 해서 우리의 文化가 漢字文化라 하여도 過言이 아니요, 우리말의 70%가 漢字말이라는 현실을 낳기에 이른 것이다. 앞에서 말했듯이 固有漢字音이 생기고 漢字에 의한 造語가 連綿히 행해져왔고 앞으로도 漢字에 의한 造語가 우리 국어의 主要한 造語源임을 제대로 알아야 한다. 따라서 漢字語가 우리말의 太半이요, 固有漢字音이 形成되어 있는 이 마당에, 漢字말이 엄연히 국어인 以上 그 국어를 적는 漢字를 國字로 대접한다고 해서 망발은 아니다. 한글도 漢字도 같은 國字로 보아야 마땅하다.

4) 한글이 물론, 훌륭한 글자임이 틀림없다. 대체로 一音一字라는 점은 長點 중의 하나다. 하기야 '어'나 '여'처럼 두 가지로 소리나고 그 밖의 母音字들도 말에 따라 길게도 짧게도 발음되는 것이 있다. 예를 들어 '어머니'의 '어'와 '어른'의 '어'는 분명히 다른 소리고, '여름'의 '여'와 '열다'의 '여'가 다른 소리다. 같은 '우'라도 '우리'의 '우'와 '울며'의 '우'는 길이가 다른 것이다.

그래서 대체로 一音一字란 말을 쓴 것이다. 로마字에 있어서 'a'가 열 가지 이상으로 發音된다는 것에 比하면 대체로 一音一字여서 익히기 쉬운 長點이 있다.

또한 24字를 結合만 하면 거의 무슨 소리든지 나타낼 수 있다는 것은 長點이 아닐 수 없다. 初聲ㄱㄴㄷㄹㅁㅂㅅㅇㅈㅊㅋㅌㅍㅎㄲㄸㅃㅆㅉ 19, 中聲 ㅏㅑㅓㅕㅗㅛㅜㅠㅡㅣㅐㅒㅔㅖㅚㅟㅙㅞㅢ의 21終聲(받침은 28개이지만 代表音 7) ㄱㄴㄷㄹㅁㅂㅇ의 7로 19×21×7=2,793이 되어 소리 낼 수 있는 글자만도 2,793이 되는 것이다.

그러면서도 옛 先人은

가갸거겨고교구규그기(ᄀᆞ……지금은 쓰지않음)
나냐너녀노뇨누뉴느니……

와 같이 排列하여 短時日에 記憶할 수 있게 考案해 놓았던 것이다.

또한 漢字에 比해 쓰기 쉬운 것이 사실이요, 또한 機械化에 利點이 있는 것도 사실이다.

制字에 있어 子音은 發音器官을 본뜨고 母音은 天地人 三才를 본떠 만든 것도 科學的이다.

以上은 長點이다. 그러나 短點 또한 없지 않다. 첫째로 表音文字인 만큼 表意性이 없다. 물론 創製當時에 이미 漢字의 흉내를 내어 音節文字(例…사, 람)를 만들었고, ᄃᆞᆰ ᄒᆞᆰ ᄉᆞᆱ고 ᄃᆞᆱ다 ᄋᆞᆱ겨와 같이 表意 구실을 한 것이 있으며, 現行 맞춤법 통일안이 漢字의 흉내를 내어 28개의 받침(ㄱㄴㄷㄹㅁㅂㅅㅇㅈㅊㅋㅌㅍㅎㄲㄳㄵㄶㄺㄻㄽㄼㄾㄿㅀ[illegible]ㅄㅆ)을 쓰기로 하고 이른바 形態素(語源) 밝히기로 그 表意化를 생각해 냈지만 그것은 새발의 피에 不過하다.

실상, 앞에서 말한 바, 漢字말이 우리말의 70%인 현실이요, 그 漢字말의 받침은 기껏 6개(ㄱㄴㄹㅁㅂㅇ)이고 外來語의 받침은 7개(ㄱㄴㄹㅁㅂㅅㅇ)뿐이다. 총 우리말의 24% 남짓한 순우리말, 그것도 순우리말은 토나 語尾 투성이요, 實辭는 얼마 되지도 않는데 그것을 위해 받침을 28개나 만들고 形態素 밝히기로 맞춤법만 까다롭게 만들었으니 視覺的으로 그 判讀에 약간의 利點이 있다고는 하지마는 그 맞춤법을 옳게 理解하고 바르게 쓰기에는 負擔만 큰 것이다. 어떻든 視覺性에 있어 漢字를 당할 수 없는 것이 사실이다.

둘째로 순우리말은 多音節語여서 길어지게 마련이다. 더구나 觀念語의 경우에는 그 뜻 把握에 어리둥절해질 정도로 길어진다. 따라서 造語力이나 縮約力에 있어 漢字를 당할 수 없음이 또한 사실이다. 그것은 理論을 떠나서 우리말의 現況 즉 漢字말이 순우리말이 거의 3倍가 된다는 사실이 立證해 주는 것이다.

5) 4)에서 말한 우리 한글의 短點은 바로 漢字를 가지고 補完할 수 있다는 얘기가 되는 것이다. 결국, 漢字는 視覺性이나 造語力이나 縮約力에 있어 월등하게 한글보다 나은文字라는 것이다. 물론, 漢字에도 短點이 있음이 또한 사실이다. 첫째로 '글자'가 바로 '말'이기 때문에 글자가 엄청나게 많다. 글자가 늘어나면 自然, 획수 많은 글자數가 생기게 마련이다. 따라서 배우기 어렵고 쓰기 어려운 것이 最大 短點이라고 할만하다. 中共의 고민이 여기에 있다.

또한 機械化에 있어 한글보다 難點이 있음도 사실이다.

이런 短點으로 해서 漢字專用의 中國(自由中國·中共)에서는 文盲이 많을 수밖에 없었던 것이다.

中共은 이 점에서 文字改革을 試圖하고 簡字化와 並音案을 밀고 나가고 있으며, 自由中國에서는 漢字의 電算化에 힘써서, 어느 정도의 成功을 거둬 電氣料, 水道料, 稅金 告知書 등에 實用을 하고 있는 것이다.

6) 漢字를 먼저 버린 越南은 共産化하였고 共産北傀는 한글專用을 하고 있으며, 中共이 계속 文字改革을 추진하고 있으나, 최근 中共旅路(81. 10. 12 中央日報에 連載, 在美作家 姜竣植씨

글)에 따르면 中共에선 小學校 5년 동안 3,000字의 漢字를 가르치기로 되어 있어 3학년까지에는 2,500字를 가르친다는 것이다. 지금 일부에서 中共에선 漢字를 금방 버리기라도 하는 것처럼 말하고 있는 이들도 있는 모양이지만 사실은 그런 것이 아니다.

만약 中國이 漢字를 버릴 경우, 그들이 領土는 廣大하고 人口는 10億이나 되어, 같은 漢字를 地域에 따라 여러 가지로 발음하는 관계로 그들의 核心인 漢族은 서로간의 말로는 意思疏通이 안되게 되어 支離滅裂이 될 것이기 때문이다. 그들은 漢字를 버릴 수 없는 宿命的 存在라는 것이다. 그래서 그들은 漢字를 배우기 위해 그 前에 普通化(標準語)교육에 힘쓰고 있는 實情이라 한다.

日本은 10月부터 常用漢字表(1,945字)를 實施하고 人名用漢字別表(166字)도 실시하게 되어 결국 2,111字를 쓰게 되었다.

현재까지에는 中學校 1학년에서 76字, 2학년에서 145字, 3학년~6학년은 各各 195字씩을 가르치기로 되어 있어 1千字 정도의 읽기를 가르친다. 그 중에 한 8백字 정도는 쓰게 한다. 中學校까지에는 종전의 常用漢字를 모두 읽고 쓸 수 있게 하는 것을 목표로 삼아 왔었다.

이번에 常用漢字表 實施로 漢字學習 부담은 늘어나게 된 셈이다.

그 日本에 石井勳씨라는 이가 있다. 종전 후 高校 英語선생을 하다가 뜻한 바 있어 中學선생이 되자 1학년을 擔任하게 되었고 갓 小學을 졸업한 아이들이 너무나 國語(日語)實力이 없음에 놀라고 小學校 국어교육에 뜻을 두었다. 드디어는 小學校선생이 되어 漢字敎育을 實踐해 본 결과 “假名(日本글자)을 배운 다음에 漢字를 배우게 한다”는 通常觀念은 크게 잘못 되었다는 결론을 얻었다 한다. 正反對로 “漢字를 배운 다음에 假名을”의 方式이 옳다는 것이다. 그는 石井式 漢字敎育이라는 것을 創案했는데 “漢字 表記語는 漢字로 가르쳐야”라는 敎育方式으로 상당한 效果를 거두었다. 뿐만 아니라 이 石井式 漢字敎育은 幼稚園으로

번지고 이 방식에 의해서 漢字敎育을 한 大阪市의 小路幼稚園에서는 2년 동안에 거의 全園兒가 8百字 정도의 漢字를 외워버리더라는 記事(主婦の友 1969. 11월호)를 읽은 일이 있다. 石井씨도 자기의 경험에 비추어 5百字 정도의 漢字는 小學校에 들어가기 전에 쉽게 익혀버린다고 하였다.

一例로 表面에 그림, 그 裏面에는 漢字를 쓴 카드로 놀이하는 가운데, 漢字를 외게 마련이라는 것이다. 그것도 하루에 數回, 每回 2,3分뿐이다. 이렇게 해서 日本에서는 유치원에서 漢字敎育이 행해져서 이 石井式에 의해 漢字를 배운 유치원이나 보육원의 3,4세 어린이들은 쉽게 自然스럽게 漢字를 외워버린다는 것이다.

이렇게 해서 漢字를 빨리 외워버린 아이들은 어른들이 놀랄 정도로 어려운 책을 읽어 제친다. 책에 빠져버린다는 것이다.

또한 그들은 小學校 4학년, 그들의 국어 교과서에 로마字가 나온다. 로마字를 가지고 日本말을 적고 로마字로 적은 日本말을 읽을 수 있게 가르치게 되어 있다. 社會에서 쓰이는 漢字나 로마字 敎育을 한다는 積極的 姿勢다.

그런데 우리는 어떠한가. 국민학교에서는 한 字의 漢字도 가르치지 않고 中·高에서 국어교과서에서만 괄호 안에 漢字를 가르칠 수 있게 되어 있고 國史교과서 등에 固有名詞 등을 괄호 안에 넣어 한글 專用指向의 교육이 행해지고 있다.

高入·大入試 등에선 漢字出題는 사실상 封鎖되고 漢文擔當은 專攻 아닌 아무나 擔當할 수 있게 되어있으며, 放學 동안의 敎員硏修에도 漢字·漢文硏修는 거의 疏外되어 있는 실정이다. 이렇게 해서 中·高 出身이 신문을 읽지 못하여 大學生들의 國語(漢字語)實力은 말이 아니다. 洞事務所 書記들은 漢字敎育强化指示에 의해 漢字공부를 따로 해야 되고 軍隊에서도 將兵들에게 漢字공부를 따로 시키고 있는 현실이다.

왜 이렇게 되었는가. 해방 후, 잃었던 내 말과 내 글을 되찾은 感激과 興奮 속에 朝鮮語學會 事件으로 獄苦를 치뤘던 분들이

풀려나오고 그분들이 語文政策에 깊숙이 관여하게 되자 한글專用의 旗幟를 내걸게 되어 당시의 國民은 그 길만이 愛國의 길인 양 誤導되었던 것이다. 한글專用法案은 통과되고 教科書는 한글一色으로 되어 버린 것이다.

한글專用 方向의 교육이 위에서 보인 바와 같은 결과를 보인 것은 지극히 당연한 것이다.

그러면 오늘날 우리의 文化가 漢字文化라는 등 漢字文化圈의 一員이라는 둥 구구한 소리는 두고라도 우리말의 現況, 中에서도 漢字말의 現況이 어떠한 것인가를 말함으로써 漢字教育이 바로 "國語教育의 지름길"임을 밝혀보기로 하겠다.

7) 우리말의 약 70%가 漢字말이라 했다. 그런데 漢字말에는 同音異義語가 많다.

부정(不正·不定·不貞·不淨·不精·父情·夫情…)
사채(私債·社債)
의사(醫師·議事·疑事)
대사(大使·大師·大事…)

등이 그것이다.

同綴異音語 즉 綴字는 같되 發音이 다른 말이 있다.

성인(成人·聖人)
정씨(丁氏·鄭氏)
죄과(罪過·罪科)
정가(情歌·丁哥·鄭哥, 定價·正價)
단가(團歌·短歌·單價)

등이 그것이다.

同音異綴語도 있다. 발음은 같은데 綴字가 다른 것 말이다.

물리(物理·文理), 황뉼(黃栗·確率), 철리(千里·哲理), 궁니(國利

・窮理) 궁내(國內・宮內)

등이 그것이다.

한글 一哥도 많다.

'사'字 同性에 사감・사고・사기・사도・사대・사실・사장・사적・사표・사제・사상…등이 있고, '정'字 同姓에 정가・정각・정간・정당・정직・정리・정립・정기・정상…

등이 있다.

한글 兄弟도 많다.

'사'字 항렬에 가사・간사・객사・거사・고사・교사・내사・다사・도사・독사・등사・면사・모사・목사・본사・분사・비사・사사・상사・소사・대사・은사・생사・행사・하사…

등이 있고,

'정'字 항렬에 가정・고정・교정・공정・다정・단정・도정・동정・모정・민정・밀정・반정・박정・부정・비정・사정・산정・상정・안정・온정・우정・자정・작정・잠정・조정・지정・진정・추정・판정…

등이 있다.

이와 같이 漢字말에는 同音異義語・同綴異音語・東音異綴語・한글一哥・한글兄弟가 많은 것이다. 우리 漢字音은 430개(가각간갈감강개객……) 밖에 없는데 辭典에 실려 있는 漢字말만도 李熙昇 편 국어대사전에 의하면 15萬단어 以上이나 되니 그럴 수밖에 없다.

이런 現實인데 漢字말은 한글表記로만 하고 그런 教科書를 가지고 教育하는 것은 得보다 失이 많다는 것은 自明한 일이다.

常用漢字(基礎漢字 1,800字 中 虛字 등 170字를 添削한 韓國語文敎育硏究會案)로 10萬字 單語 以上을 이룬다는 통계가 있다. 이 정도의 漢字를 体系的·組織的·科學的으로 흥미를 가지도록 가르치면 國·中校에서 넉넉히 가르칠 수 있다고 생각한다. 日本아이들은 배우는데 왜 우리 子女들은 못 배우는가.

물론 우리의 경우와 日本의 경우가 완전히 같은 것은 아니다. 日本에서는 固有語를 漢字로 적을 수 있는데 비해 우리의 경우 固有語는 한글로만 적게 되어 있고 漢字말만은 漢字로 적는 점이 다르다.

그러므로 漢字敎育에 있어 日本式 方法이 그대로 우리에게 들어맞는 것은 아니다.

그런데 우리에게는 天(하늘천)地(따지)와 같은 音訓讀에 의한 漢字敎育이 幼兒時期에 행해진 先驗이 있다. 千字文뿐이 아니라 訓蒙字會도 類合도 兒學編이란 것도 있었다. 이런 漢字敎育方式이 傳統的인 방법으로 連綿히 이어져 온 것이다.

이 傳統的인 敎育方式이 再評價되기를 주장하는 것이다. 옛날 그대로를 따르자는 것은 아니지마는 풀·나무·새 等 部門別로 되어 있는 訓蒙字會式 漢字排列은 충분히 참고함직하다. 部首別로 생각해 봄직하고 日常生活用語로부터 漢字를 가르치는 방법도 생각할 수 있다.

어떻든 나는 국민학교에서 한글을 완전히 깨치고 漢字 900字 정도는 읽을 수 있고 뜻을 알아야 한다고 생각하는 것이며, 中學校까지에는 常用漢字의 읽기만이라도 완성을 해야 한다고 생각한다. 앞으로 義務敎育이 9년이 되었을 경우, 의무교육만으로 新聞을 읽을 수 있어야 된다고 믿기 때문이다. 高校까지에는 쓰기도 완성을 해서 쓸모 있는 사람으로 키워내야 한다고 생각한다. 그렇게 되면 平生敎育은 自力으로도 可能하게 된다.

8) 國漢混用은 한글과 漢字의 長點을 살리고 短點을 補完할 수 있는 理想的인 表記體制라 할 수 있다. 日本人의 讀書量이 世界一이라 하는 바, 그것이 바로 表音·表意文字인 가나와 漢

字를 混用하는 体制가 確立되어 있기 때문이다. 그들이 이른바 明治維新으로 先進國으로 발돋움하게 된 것이 바로 이 漢字・가나 混用文으로 先進國의 知識을 吸收한 데 있다고 指摘한 이도 있는 것이다.

우리 大學街의 책점이 줄어들고 古書街가 閑散하며 大學 圖書館의 國學・東洋學관계 典籍 등에 먼지가 쌓여 있는 현실은 우리를 슬프게 한다.

漢字의 短點이 그 字數의 機械化의 어려움에 있다고 하나, 우리는 日本의 가나와는 달리 훌륭한 한글이 있으므로 漢字數는 1,800字 정도로도 足하며 漢字의 어려움은 그 쓰기에 있는바 略字사용으로 그 어려움을 덜면 될 것이요, 機械化의 어려움은 孔打나 電子複寫機로 대신하고 있다. 뿐만 아니라 韓國科學技術情報센터에 의해 漢字의 機械化로 컴퓨터 處理를 할 수 있게 되었으며 電算開發센터에서는 한글과 英文은 물론 3,000餘字의 漢字도 동시에 처리할 수 있는 Word Processor를 開發하였다. Word Processor란 편지나 메모・報告書・公文書・論文 등을 自動편집하여 필요한 만큼 印刷할 수 있으며 그 사용방법은 非專門家도 쉽게 할 수 있게 되었다.

이밖에도 맞춤법・표준말・外來語表記法・國語醇化・우리말 開發문제 등 國語國字에 대한 숱한 문제가 있으나 紙面관계로 줄인다.

〈『全南支會會報 語文研究』창간호,
韓國語文敎育研究會全羅南道支會, 1984.〉

한글專用과 漢字·漢文敎育

1

漢字 使用의 역사가 悠久하여 우리의 文化遺産이 漢字文化라 해도 과언이 아니요. 漢字語가 국어가 太半을 차지하는 現 實情에서 이 儼然한 사실을 沒却하고 表音文字로 적기만 하면 된다는 억지 한글 專用論者의 극단적인 주장에만 귀를 기울인 文化政策은 여러 가지 폐단을 빚어내어 얻은 것보다는 잃은 것이 많을 것임은 뻔한 노릇이다.

한글 專用論者들도 '한자·한문의 교육도 소수의 분야에서는 현재보다도 더 철저히 가르쳐야 한다'고 주장한다. 이것이 人文高校에서 漢文敎育을 강화한다는 형태로 배우지 않은 학생들에게 문교 정책으로 漢字·漢文 교육을 敬遠하는 풍토 위에서 더더구나 必須도 아닌 選擇科目인 漢文 교육이 얼마나 成果를 거둘 수 있을 것인지 매우 의심스럽다.

아무리 마음을 돌려 생각해 보아도, 중학교에서 週當 5·6시간의 英語를 가르치면서 漢字는 1시간도 가르치지 않는 것이라든지, 實業高校에서까지 漢字·漢文교육을 疎外하는 것은 理解하기 어렵다. 중학교나 실업고교는 勿論이요. 국민학교에서부터 漢字 교육이 행하여져야 한다고 우리는 본다. 그것은 싫든 좋든 우리말의 太半을 차지하는 漢字語의 母胎인 漢字를 배우는 것이 바로 국어 공부의 지름길인 까닭이다.

2

실상 表音文字인 한글과 表意文字인 漢字에는 각각 長短點이 있다.

한글은 배우기 쉽고 쓰기 쉬운 利點이 있고, 한자는 視覺的으로 바로 뜻을 알아차릴 수 있는 利點과 무궁한 造語力이나 縮約力이 있다. 反面, 한글은 表意文字만큼의 表意力이 없음이 흠(現行 맞춤법이 表意化를 꾀했으나, 그것은 새 발의 피)이고, 漢字는 한 字 한 字에 뜻이 있기 때문에 글자 수가 많아지고 따라서 劃數가 많아져 배우기 어렵고 쓰기 어려운 흠이 있다(그래서 略字=半字의 필요성이 있다). 이 表意文字의 缺陷으로 해서 漢字文化圈 안의 고민이 있다. 중국의 일부 학자들이

> 만약 한자가 살려면 중국이 망하게 될 것이요. 또 만약 중국이 살려면 한자가 망해야 한다. 한자는 반만년 역사에서 우리 조상들이 우리들 자손에게 물려 준 귀중한 재물임은 틀림없다. 그러나 우리 4억의 자손들은 더 소중한 존재로서, 도저히 한자의 존재를 위해서 제 스스로를 망하게 할 수는 없다. 한자는 진실로 지나간 5천년 동안 우리 한족의 문화의 연장으로서 귀중한 구실을 다해 왔음을 안다. 그렇지만, 우리 한족의 무궁한 장래를 위해서는 반드시 없애지 않으면 안 된다.

라고 했다 한다. 사실 漢字는 중국의 苦悶거리가 아닐 수 없다.

淸朝의 『康熙字典』(1716년)에는 42,174字가 收錄되어 있으니 참으로 방대한 數字라 하겠고, 現代 中國의 常用 字典에는 약 7,600字가 실려 있다 하고, 민중의 일상생활에는 약 4,000字 정도 있으면 우선 不自由는 없다는 것인데, 이 4,000字 또한 과중한 부담이라 아니 할 수 없으니 漢字 亡國論이 나올 만도 하다.

최근 林語堂 박사가 新聞을 비롯한 刊行物의 어휘를 간략히 해야 할 것이라고 하여 新聞의 常用漢字 채택을 요구하였다는데, 日本政府가 當用漢字 1,850字로 制限 使用하고 있는 사실을 예로 들었다는 것이다. 역시 世界的인 碩學다운 온건하고도 實現 可能性 있는 소견이라 하겠다. 漢字 亡國論으로 空然히 비분강개하여 적절한 代案없이 無謀하게 漢字를 없애야만 된다고 해서 문제 해결이 되는 것은 아니다.

日本에 漢字가 輸入된 것은 『古事記』(712년)나 『日本書紀』(720년) 등 史書의 記錄에 의하면 3世紀 末~4世紀 初에 漢籍이 처음으로 전해진 것으로 되어 있는데, 이 時期는 韓國 혹은 中國과의 교섭이 국가적으로 현저해진 시기로, 한자의 實用도 이때에 盛해진 것으로 想像되는 것이다. 한편, 日本에도 9世紀 初에는 漢字를 모방한 假名(Kana:日本文字)가 생기게 되었으니, 이로부터 日本에도 漢字와 假名을 일본말을 적는 文字로서 오랜 세월을 共存해 온 것이다. 그런데 日本 漢字音은 매우 복잡하여서 우리나라의 경우와는 다르다. 우리나라 漢字音에도 간혹 2音이나 3音(樂·數 등)인 것이 있기는 하나, 1字 1音이 원칙적임에 比하여 日漢音은 거의가 2音 이상이요, 4·5音(間·回·息 등) 이상인 것도 적지 않아 漢字 習得에 있어 우리나라보다도 훨씬 부담이 큰 것이다.

'人'字 하나를 例로 들어 보면 다음과 같다.

人道·人格·成人·小人 …… ジン[jin]
人情·人間·商人 …… ニン[nin]
人柄·人質·人妻·人波 …… ヒト[hito]
人人·戀人·旅人 …… ビト[bito]
素人·玄人 …… ウト[uto]
若人·狩人 …… ウド[udo]

이런저런 까닭으로 日本에서도 漢字의 複雜性에서 벗어나려는 움직임이 있었던 것이다. 그리하여, 마침내 當用漢字 1,850字(別

途로 人名用 漢字 別表 있음.) 教育漢字 881字(이것은 작년 1,006字로 늘어남)를 內閣訓令・告示로써 공포하였다. 이리해서 漢字制限이 公用文・教科書・新聞 등에 실시되기에 이른 것이다.

우리나라에 언제 한자가 輸入되었는지는 알 수 없으나, 隣接한 중국과의 오랜 역사적 관계로 미루어 적어도 韓氏朝鮮時代부터 일부 사회에서는 사용되었을 것이다. 그 후 漢字 使用의 人口가 늘고 使用漢字數도 늘어나 三國 初에는 벌써 漢字가 널리 實用된 것이 틀림없으리라는 기록이 있다. 어떻든 줄잡아 2,000년 이상의 漢字 使用의 역사를 가지고 있는 것으로 생각한다.

漢字가 들어온 후로 訓民正音 창제까지에는 全的으로 漢字・漢文에 의존하였던 것이니, 吏讀文이나 鄕歌 등 表記에 쓰인 鄕札式 表記나 口訣(吐)과 그의 略體 등이 모두 漢字 借用의 예에 지나지 않는다. 15世紀 中期 世宗大王에 의해 訓民正音이 창제된 후에도 國語의 漢譯, 漢文의 譯讀은 물론, 國漢文 混用으로 漢文 내지 한자 知識이 보급되었는데 이로 해서 우리 국어에는 수없이 많은 漢字語가 침투되고 新造되고, 한편 固有語-순 우리말-와 代替되어 오늘날에 있어선 漢字語 없이는 의사소통을 할 수 없을 정도로 되어 버렸다.

甲午更張 이후 국어・국문의 보급 운동이 高潮되고 公・私文書에 國漢文混用을 쓰게 되었을 뿐 아니라, 獨立新聞・帝國新聞 등 순 한글 신문의 刊行까지 있었다. 실상 한글 專用은 이에 앞선 朝鮮(李朝) 末葉의 小說(樂善齊文庫本 등)에서 실현되고 있었다. 특히 국어의 연구와 그 보급에 獻身한 周時經은 甲午更張 후 이 방면에서 가장 두드러진 人物이라 하겠는데 그의 극단적인 漢字語 忌避는 유명하다. 이 周時經의 學統을 계승하고 그의 영향을 직접 간접으로 크게 받은 이들이 오늘날 한글학회의 中樞를 이루고 있는 것이 사실이라 할 것이다.

1948년 10월 9일 법률 제6호로 한글 專用에 관한 법률이 公布되었다.

> 우리나라의 모든 公文書는 한글로 쓴다. 다만 필요에 따라서는 얼마동안 漢字를 倂用할 수 있다.

라고 규정한 것이 그것이다. 그러나 학교 교육에서 한글 專用 방향의 교육이 행해지는 가운데도 社會 輿論의 줄기찬 압력으로 常用漢字 1,000字, 다시 후에 300字가 늘어 1,300字가 制定되어 절름발이식으로나마 漢字가 命脈을 유지해 왔으나 漢字 무제한 사용의 신문·잡지는 학교 교육은 아랑곳없이 平行線을 걸어왔던 것이다. 이리하여 학교 교육을 마치고도 新聞 한 장 못 읽는다는 酷評이 나돌았던 것이다. 이 愚民교육으로 漢字를 모르는, 그래서 한글 專用을 지지할 수밖에 없는 숱한 同調者를 얻기에 이르렀던 것이다.

3

이상에서 보아 온 바와 같이, 중국에서 한자 亡國論이 있고 文字改革論이 있었으나 漢字를 없앤 것은 아니요 漢字制限論이 고작 落着點이 되지 않을까 하며, 日本에서도 漢字 廢止論이 대두되었으나 결국 政府로선 極端論을 배제하고 國漢文混用論을 채택·실시하고 있다. 해방 후 北韓이 한글 專用을 실시하고 있는 듯하나 그 내막을 잘 알 길이 없어 비판할 수 없지만, 그들의 文化政策이 성공했을 것이라고는 보지 않는다.

우리나라의 경우, 극성스러운 한글 중시 專用論者로 해서 한때 한글 즉시 專用의 誤判이 내려지기도 했었지만, 文化 百年大計를 위해서 그 방면의 專門學者(한글 專用論者 중심의 편파성 止揚)를 중심으로 常設 국어 연구소(假稱)라도 설립해서 한글 專用이냐 國漢文 混用이냐 하는 문제를 비롯해서 맞춤법·표준말· 외래어 표기·方言 수집·古語 再生 등을 진지하게 장기적으로 연구하게 하는 동시에, 初·中·高校에 研究·實驗學校를 두어 科學的인 뒷받침이 있는 國語·國字 정책이 시행되기를 바랄 뿐이다.

우리가 國漢文混用을 주장하고 初·中·實業高校에서도 한자 교육이 필요하다는 이유는 다음과 같다.

1. 漢字語는 한자로 써야 讀解에 能率的이다.

흔히 '학교·비행기'를 한글로만 적으면 되지 '學校·飛行機'로 적을 것이 없다고 한다. 그럴 듯한 말이다. 그렇더라도 한글專用의 글에서 학교·비행기가 눈에 띄느니 보다 國漢文混用文에서 學校·飛行機가 빨리 눈에 띌 것은 否定할 수 없는 것이다. 더구나, 한글專用의 문장과 國漢文混用의 문장을 비교해 보면 後者가 그 讀解 능률이 빠른 것은 누구나 否定할 수 없을 것이다.

2. 漢字語도 국어다. 국어의 太半을 차지하는 漢字語의 母胎인 漢字를 가르치는 것이 국어 교육의 지름길이다.

필자는 『現代文學』(1972. 2) 「한글 전용 문제 誌上 심포지움」에서 '한자를 西歐語와 같은 純外國文字로 보는가. 準國文으로 보는가.'라는 질문에 대해 다음과 같이 대답한 일이 있다.

準國文으로 본다. 현시점에서 準國文이라 할 수 밖에 없다.

① 漢字語도 국어다. 漢字語가 국어에서 차지하는 比重을 생각할 때.
② 悠久한 漢字 使用의 역사.
③ 우리나라 독특한 漢字音
<예> 國 : 韓 = 국, 中=kuo, 日=koku
④ 우리나라에서 造語되어 우리나라에서만 通用되는 漢字語 : 心思. 冊……

'漢字를 國漢文으로 볼 수밖에 없다'는 견해에 대해서 한글 專用論者들은 反旗를 든다. 그것은 그들의 自由다. 그러나 그들도 '漢字語도 국어다'라는 것을 否認하지는 못하리라. 또 '국어의 太半이 漢字語'라는 사실도 否定하지도 못하리라. 그렇다면 그 漢字語의 母胎가 되는 漢字를 가르치는 것이 국어 교육의 지름길이라는 것을 肯定해야 옳을 듯한데 그렇지를 않으니 참 알 수 없는 일이다.

漢字는 그 活用이 엄청나 1,000餘字만 옳게 공부해도 數萬 語彙의 뜻을 완전히 혹은 반쯤이라도 파악하게 된다. '學'字를 漢字로 배우면 이 '學'字란 말이 '배운다'는 말과 관계있는 말임을 알 수 있는데 이것을 한글로 '학'이라고만 적어서는 사정이 그렇지를 못한다. 어떤 이는 한글로만 '학'이라고 적어도 '배운다'는 뜻이 있을 것을 알 수 있다고 強辯한다. '학교·학생·학문' 등이 그렇다는 것일 게다. 그러나 이것은 너무나 한글專用을 주장하기 위해 大衆을 愚弄하고 있는 듯한 느낌을 받는다. '학수고대·선학·해학·학대·학정'에 '배운다'는 뜻이 있는가? 漢字語는 한자로 써서 가르쳐야 그 한자가 頻出함에 따라 漢字의 뜻을 정확하게 파악할 수 있고, 따라서 漢字語의 뜻도 정확하게 파악할 수 있는 것이지, 漢字語를 한글로 적어 한 單語를 따로따로 배울 때에는 그 單語의 뜻을 외는 데 얼마나 精力을 消費할 것인가. 뿐인가 그 말이 頻出하는 것이 아니면 뜻을 잊을 수도 있고, 뜻의 파악이 정확하지 못하게 되는 것이다. 한글 世代가 漢字語를 한글로 적을 경우 그 맞춤법이 틀리고, 漢字語를 발음할 경우 특히 長短音이 틀리는 수가 많은 것도 漢字音을 제대로 모르기 때문이다.

앞으로 계속 한글專用의 정책을 고집할 경우, 이 漢字語의 맞춤법이나 長短音을 記憶하는 부담은 加重될 것이다. '이팍·왕내·황닙'과 같이 발음되는데 왜 '입학·왕래·확립'으로 적어야 되느냐. '국민·궁민·학문·항문·박명·방명'이 발음이 같은데 왜 달리 적느냐 하는 것을 漢字 교육 없이 이대로 외라면 그 부담이 크다는 것이요, '道'字가 語頭에 놓일 때 길게 발음하라고 가르치면 '道德·道路·道理·道義·道廳'의 발음을 제대로 할 수 있을 것인데 '도덕·도청'이라고만 써 놓고 읽으라니 '道德책'을 '도덕(盜賊의 사투리) 책', '道廳'을 '도청(盜聽)으로 발음하게 된다.

한자 1,500∼2,000字를 가르치는 것이 漢字 말의 뜻을 하나하나 따로 외고, 그 맞춤법이나 長短을 하나하나 외게 하는 것보다 能率的이어서 국어 교육의 지름길이 된다는 것이다.

3. 漢字語에는 同音異義語가 너무나 많다. 그 識別은 漢字로 써야 빠르다.

漢字語에는 同音異義語가 많고, 이것이 한글 즉시 專用이 어렵다고 주장하는 이들이 내세우는 중요한 이유 중의 하나다. 이에 대한 한글 전용론자들은 ① 순 우리말에도 同音語가 있으나 그 식별이 어렵지 않다. 同音語는 英語에도 있다. ② 前後 文脈으로 그 識別이 가능하다고 맞선다.

그러나

(1) 우리말 同音語는 '풀[草]·풀[糊]: 말[語]·말[馬]·말[斗]: 밤[夜]·밤[栗]'과 같은 것은 日常用語이므로 그 識別이 그리 어렵지 않다고 해도 좋다. 그러나 漢字同音語는 觀念語가 많을 뿐 아니라, 漢字 知識이 있는 이들이 造語한 말이기 때문에 漢字 知識없이 그 識別이 어려울 것은 두말할 나위도 없다. '不定·不淨·不貞·不正·不精·否定·父情'을 '부정'으로만 적어도 그 識別이 가능하다는 것은 漢字 知識이 있는 사람에 限한 일이요, 그것도 역시 漢字로 表記한 것보다 그 判讀에 시간이 더 걸릴 것은 물론이다.

(2) 순 우리말의 同音語는 그 숫자가 얼마 되지 않으나, 漢字語 同音語는 그 숫자가 엄청나다. 어느 대학생들 조사에 의하면 한글학회가 지은 『중사전』 總語彙數 91,825 중 同音異義語가

총 어휘수 30,180인데,

순 우리말 同音異義語	3,120
漢字語 同音異義語	22,983
國漢文 섞인 同音異義語	4,077
計	30,180

위의 자료를 보면 概算 7:1의 比率인 셈이다. 이것은 순 우리말에도 同音異義語가 있다고 하여 漢字同音語와 같이 論하려는 것은 억지에 지나지 않는다. 또한 英語에도 同音異義語가 있다고는 하나 漢字同音語처럼 그 數가 많으리라고는 생각되지 않는다. 어쨌든 그 數가 많건 적건 同音異義語가 語意把握에 지장을 주는 것은 否認할 수 없는 일로, '초(燭)'를 '양초', '초(醋)'는 '식초'라고 하여 구별하여 말하는 경우가 있음을 보아서도 알 수 있다.

甘受·減水·減收·減壽·減數·感受·監守·監修……16
士氣·史記·死期·邪氣·社旗·寺基·砂器·詐欺……23
上司·上士·相似·相思·商社·商事·喪事·賞賜……19

이들은 몇 개의 예에 지나지 않으나, 이것을 '감수·사기·상사'로만 적어 놓고 그 뜻을 알아내고, 더구나 그 발음의 長短까지 알아내기가 어렵지 않다고 한다면, 漢字 아는 旣成世代가 너무나 억지를 부려 한글 世代를 희생시키는 것이라고 아니할 수 없다.

4. 漢字文化 흡수에는 漢字·漢文 교육이 필요하다.

우리의 傳統文化가 漢字文化임은 누구나 肯定할 것이다. 이 우리 文化의 繼承을 위해서도 좋든 싫든 漢字·漢文 교육이 필요한 것이다. 朝鮮(李朝)末葉의 小說이 순 한글로 된 것을 예로 들어 한글 專用의 본보기로 삼으려는 意見이 있다. 그러나 첫째, 그 당시 小說의 讀者層이 婦女子였다는 점. 둘째, 小說을 읽는 것은 이들의 消日 내지 慰安을 목적으로 한 것이지 硏究를 목적으로 한 것이 아니므로 다만 그 얘기 줄거리를 알면 족했던 것. 셋째, 그 당시 士大夫집 婦女子들이나 下人들은 '어깨너머 글·귀동냥 글'로도 상당히 漢字語를 알고 있었기에 한글專用으로도 그 解讀이 가능했던 것임을 인식해야 한다.

한글 전용론자들도 古典의 國譯을 부르짖었다. 물론 우리도 적극 찬성한다. 그러나 ①어느 겨를에 모든 古典을, ②어느 國力으로 모든 古典을, ③어느 누가, ④얼마나 정확히 國譯해 내느냐도 문제이지만, 한글로 된 國譯本에도 무수히 쏟아져 나올 漢字語를 漢字 知識 없이 어떻게 解讀할 것인가? 漢文 교육은 국민학교에서부터 행해져야 하며, 한자·漢文 교육은 강화되어야 한다.

우리가 한자에 대한 苦悶을 가지는 것은 그 수효의 過多나 많은 劃數 때문에 배우기 어렵고 쓰기 어려운 때문이라 하였다. 따라서 漢字數는 1,500~2,000字 정도로 줄이고 略字(半字)150~200字를 제정하자는 것인데, 이 정도의 學習이 다소의 부담이 되기는 하나, 그 반면에 여러 가지 얻을 것이 많은 바에야 한창 記憶力 좋은 국민학교 시절부터 가르쳐 實效를 거두도록 해야 한다. 日本에서는 幼稚園에서 漢字 교육을 實驗하고 있는 곳이 있다. 그에 의하면, 어린이들은 視覺的으로 '九'字보다 '鳩'字를 먼저 익힌다는 것이다. 그럼직한 일이다. 이런 실험 결과는 漢字의 書寫교육은 뒤로 미루더라도, 그 讀解(音이나 訓)교육은 국민학교 低學年부터 할 수 있다는 것을 보여 주고 있다. 어려운 것은 극복하는 것이 교육인데, '어려우니 배우지 말자'는 것은 言語道斷이다.

5. 漢字의 表意性에서 오는 造語力이나 縮約力 등 長點을 이용하는 것이 현명하다.

한글 전용론자들은 우리말에 漢字語가 태반인 사실을 事大思想의 所産物로 몰아세운다. 그런 要素도 약간은 있을 것이다. 그렇다고 우리 조상들이 그렇게 어리석은 事大主義者들이었을까? 지금도 일부 人士가 國漢文 混用論者를 가리켜 漢字中毒者니, 事大主義者니, 우리말의 大敵이니 온갖 中傷을 일삼는다. 참으로 어처구니없는 일이다.

(1) 옛날에 있던 순 우리말이 漢字語로 바뀐 것이 많다. '여름지을아비·여름지을이'(活字 관계상 현행 맞춤법으로 고침)가 '農夫'로, '여름지이'가 '農事', '매 가람풀 나무'(실제로 이러한 複合語가 쓰인 것은 아니고 순 우리말로 하자면 이렇게 될 수밖에 없을 것이다.)할 것을 '山川草木'으로, '할아버지 할머니·할아비 할미'할 것을 '祖父母'로, '아자비 아찬아들' 할 것을 '叔姪'로, '어이아들'을 '母子'로, '일곱즈믄'할 것을 '七千'으로 하게 된 것인데, 前後者를 비교해 볼 때 漢字語의 音節이 훨씬 단순해서 이른바 努力經濟가 되는 것이다.

(2) 가령, '妙하다'라는 말 하나에도 한자의 造語力은 무궁이어서, 微妙·奇妙·神妙·靈妙·至妙·珍妙·玄妙·高妙·美妙·奇奇妙妙·奧妙 등이 있어 그야말로 微妙한 상태를 奇奇妙妙하게 그려낼 수 있을 것이다.

(3) 現代語에서도 '歐羅巴共同市場'을 '歐共市'로 '高麗大學校亞細亞問題硏究所'를 '高亞硏'으로, '追加更正豫算'을 '追豫'로 줄일 수 있으니, 이것은 漢字가 지니고 있는 縮約力을 보여 주는 것이다. 혹 어떤 이는 우리말에도 '같잖다·않다'와 같은 略語가 있음을 예로 들기도 하나, 마치 '하나와 열이 같다'는 식의 억지스러운 말이다. 漢字의 略語가 순 우리말의 그것에 비해 數的으로 월등히 많다는 사실을 어찌 否定할 수 있는가. 혹 어떤 이는 漢字말 略語를 그대로 한글로만 적으면 된다고 强辯할는지 모른다. 아닌 게 아니라 현실적으로 대학에서 '신방과·사사과'라 쓰고, 사회에서 '유공·합성' 등이 쓰이는 바, 아무래도 이것을 '新放科· 社事科·油公·合纖'이라고 쓰는 쪽보다 理解 人口가 적

으리라 본다. 원래 준말이라는 것이 노력 경제상 생기는 것인 바, 우리가 高速道路를 달리는 이유와 한 가지다. 순 우리말 '구름다리'가 '陸橋'로 바뀌는 心理的 이유가 여기에 있는 것이다.

앞으로 漢字 교육이 疏外되면 言衆의 漢字造語가 어렵게 되리라 보는데, 순 우리말 造語가 되면 다행인데 오히려 西歐外來語가 판을 치게 될 것이다.

6. 漢字敎育으로 국어의 혼란을 막을 수 있다.

앞에서 필자는 漢字가 疏外되었을 경우, 여러 가지 잃는 것이 많을 것임을 直·間接的으로 豫見한 바 있거니와, 그 중에서 漢字語의 맞춤법이나 長短音을 따로따로 외는 부담이 클 것임을 말한 바 있다. 그 負擔의 加重은 바로 그 맞춤법이나 長短音 발음의 혼란을 빚어낼 것인데, 이것이 바로 국어의 혼란임이 틀림없다.

그러나 그보다도 더 큰 국어의 혼란을 豫想할 수 있는 것이 있다. 그것은 濫造된 新造語의 등장으로 말미암은 혼란이 그것이다. 이미 해방 직후 주로 최현배 박사에 의해 추진되었던 學術用語 등의 新造語, 1962년 7월에서 1963년 8월까지에 漢字語·外來語 등을 한글 전용 특별심의회에서 바꾸었던 우리말식 用語, 최근 農業用語 등을 우리는 알고 있거니와, 우리들은 또 이러한 新造語들이 社會나 學界의 反撥을 받았던 사실을 잊지 않고 있다. 얼른 듣기에 어려운 漢字말을 쉬운 우리말로 고치자. 숱한 同音異義語를 우리말로 고치자. 學術用語를 우리말로 바꾸자 하는 것을 원칙상 탓할 수 없을 듯하고, 사실상 일부 그와 같은 작업이 필요한 것도 있다고 본다. 그러나 문제는 ①우리 전통적인 造語法에 맞지 않는 억지 造語. ②신중히 다루어야 될 문제가 너무 편협한 人士의 의견에 따라 ③拙速爲主로 진행이 되고. ④널리 意見을 구하는 조심성 없이 高踏的으로 君臨해서 이 新造語를 강요하려는 듯한 印象을 받는다. 이런 신조어가, 이런 식으로 날조되어 이런 식으로 強要될 경우, 국어의 混亂은 이루 말할 수 없이 클 것이요, 이런 국어의 혼란이 국어에 親近感을 가지고 국어를 애호해야 될 言衆으로 하여금 국어를 업신여기고 嫌惡를 느끼게 한다면 本意가 아닐 것이다.

'말본갈말(文法術語)·옮살이(動物)·아내무섭장이(恐妻家)·쇠줄(鑛脈)·많이낳이닭(多産鷄)·적게낳이 닭(寡産鷄)·남가루받이(他家受粉) ·새끼지움(流産)' 등 이것은 약간의 예에 지나지 않으나, 이들이 과연 생명을 가질 수 있는 말들인가?

7. 한글전용을 하려면 人名·地名 등 固有名詞에 대한 政策的인 고려가 있어야 하는데, 그것도 가능하다고 보나 간단한 문제는 아니요, 더욱이 과거나 현재의 人名·地名만을 한글로만 적을 경우 적잖은 混亂, 法的인 문제나 無理가 뒤따를 可能性이 짙다.

人名·地名에 대해서 보면 이른바 한글 宗氏(異姓同音·異本同行) 문제뿐만 아니라 한글로 적었을 경우, 漢字 意味의 喪失로 姓이 動物名과 같은 것으로 되거나 이름이 賤名으로 떨어지거나 男子가 女子로 둔갑하기도 한다. 한글 看板도 원칙적으로 찬성하나 역시 문제는 있다. 적극 권장은 좋으나 強要에서 빚어지는 폐단이 있다. 우선 생각나는 것만으로도 ①소의 학교, ②미아 학교, ③무학 여고, ④밀주 학교 ⑤유익한의원, ⑥실업학교, ⑦현충사, ⑧봉조과 ⑨중대 중대 등이 그것이다. 앞으로 '昭義·彌阿·舞鶴·密洲·顯忠祠·縫造科' 등이 '소(牛)'의 '迷兒·無學·密酒·失業'을 聯想하거나 '현충사'는 절(寺)로 혼동될 염려가 있다. '봉조과'는 이해하기 어려운 팻말이며, '유익한의원'은 新設洞에 있는 看板인데, 韓醫院 같기는 하나 '유익한'이 이름인 것도 같아 아리송하다. '중대 중대'가 '中央大學校 中隊'의 略語임을 判別하기에는 시간을 요한다.

이상에서 필자는 한글 專用 強行은 얻는 것보다 잃는 것이 많다고 보아 國漢文混用을 주장하고, 初·中·實業高校에서도 漢字 교육이 필요하다는 所信을 폈다. 필자는 한글 專用보다 한글 愛用을 하자는 주장을 가지고 있으나, 그것도 限界線이 그어져야 한다고 본다. 군대 교육이나 타이프라이터 利用 등에선 한글 專用도 좋다고 하겠다. 그러나 우리가 필요에 따라선 막대한 外貨를 들여 原材·原絲·原油·原鐵 등을 輸入加工하여 국내에서 消費도 하고 輸出하여 外貨를 벌어들이고도 있지 않은가? 無償으로 漢字를 받아들여 조상이 이룩한 漢字文化를 우리가 섭취하여 계승하지 않으면 우리는 本意 아니게 自己喪失의 우려가 있는 것이다. 다만, 大衆을 위해선 한글 專用의 신문·잡지가 많이 나오는 것도 좋으나 英字 신문이나 漢字 專用의 華僑 신문이 許容되는 이상 國漢文 混用의 신문·잡지가 나오는 것을 억지로 막을 것은 아니다. 民衆의 自覺이 있는 이상 自然의 趨勢로 漢字는 줄어들고 어려운 漢字語도 차차 자취를 감추게 될 것이다. 漢字 無制限 使用 新聞들도 1968년 1월부터 2,000字로 制限하지 않았던가? 모든 것은 獨善을 버리고 흉금을 터놓고 衆智를 모아 漢字 制限 使用을 하면서 그 漸減策을 모색해 볼 일이다.

〈『大學國語』, 수원대학교출판부, 1995.〉

한글專用보다 漢字制限을

1

한글專用을 贊成하는 이나 반대하는 이나 간에 그 贊反의 이유를 정확하게 알아둘 필요가 있을 것이다. 한글 專用贊反을 先入見이나 감정으로 결정하는 일은 옳지 못하기 때문이다.

지금 여러분이 구해볼 수 있는 單行本으로 다음과 같은 것이 있다. 필자가 「한글專用보다 漢字制限을」 提唱하는 편이므로 그 방면의 冊子만을 소개한다.

朴定緖 著, 「國語의 將來와 漢字의 再認識」, <한글과 漢字의 本質에 對한 考察>, 4.6版 127面, 1968. 8. 20. 壯文社, 鍾路 3街6, 250원

吳之湖 著, 「國語에 對한 重大한 誤解」, <韓國兒童의 思考能力의 低下現象과 그 原因에 對한 考察>, 菊版 61面, 1971. 8. 20. 韓國語文敎育硏究會, 鍾路區寬勳洞147通文舘內, 非賣品

南廣祐 著, 「現代國語國字의 諸問題」, 菊版 322面, 1970. 5. 30. 初版, 1971. 3. 15. 再版, 一潮閣, 鍾路區 公平洞9, 1,200원

2

漢字使用의 歷史가 2千年이나 되며, 따라서 우리 文化의 遺産이 漢字文化라 하여 지나친 말이 아니다. 이 文化遺産의 繼承發展을 위해서는 漢字漢文 교육이 復活强化되어야 한다.

㉠ 현재 漢文敎育은 人文高校에서 8單位(每週 1時間씩 1學期하면 1單位, 3년 동안 1時間씩이면 6單位가 된다), 實業高校에서 2~4單位를 각각 選擇으로 가르치게 되어있는 것으로 안다.

그리고 들리는 바에 의하면 中學校 國語科 敎育課程審議委員會에서 3년 동안 每週 1~2時間씩 국어 교육과는 별도로 漢文敎育을 하는 게 좋다는 意見들이었다 한다.

人文高校에서만 選擇으로 漢文敎育을 하겠다던 때 보다는 進一步라고 할는지 모르나 이 정도의 漢文敎育으로 實效를 거두기는 어려운 것이다.

漢文敎育을 국어교육과는 별도로 實施하라는 주장은 한글專用論者들의 所論인데 이것은 漢文을 英語와 같은 外國語처럼 다루자는 것이요, 각 敎科書는 現行 순 한글로 교과서를 固守하겠다는 底意에서 오는 것이다.

㉡ 中·高校에서 每週 5·6時間씩의 英語교육으로도 原書 解讀者가 적은 판국에 국민학교에서는 한 字의 한자도 가르치지 않고 中學校에서 1~2時間의 漢文교육을 高校에서는 1時間 안팎의 選擇으로 하겠다는 漢文교육으로 實效를 거두기 어려운 것임은 불을 보느니 보다도 분명한 일이다.

㉢ 傳統文化의 繼承은 古典國譯本으로 할 수 있다는 견해가 있다. 물론 古典의 國譯은 우리도 적극 찬성한다. 다만 ① 어느 겨를에 모든 古典을 ② 어느 國力으로 모든 古典을 ③ 어느 누가 ④ 얼마나 정확히 국역해 내느냐도 문제지만 ⑤ 한글로 된 國譯本에도 무수히 쏟아져 나올 漢字語를 漢字知識 없이 어떻게 解讀할 것인가.

3

漢字語도 國語다. 그런데 우리말의 太半이 한자어다. 큰 사전에 의하면 總語彙의 52%가 漢字語라는 것이다.

㉠ 人名·地名을 비롯한 固有名詞나 學術用語나 觀念語 따위의 거의가 漢字語로, 말하자면 '國語의 脊椎'를 이루고 있다는 비유는 맞는 말이다.

㉡ 우리말에는 토나 語尾와 같은 形式語가 많은데 그것이 標題語로 실려 있다.

㉢ 漢字말은 名詞로서 動·形容詞로 活用돼 쓰이거나(運動하다 無心하다), 副詞로 轉用(無心히)되는 것이 많다. 통계상 한 單語로 계산되어 있지만 사실상 2單語~3單語 몫을 하고 있는 말이 많이 있다는 것이다.

물론 우리말에도 名→動(일하다)의 例가 있기는 하나 '쓸쓸하다→쓸쓸히'와 같은 轉成副詞는 따로 한 標題語로 잡아 2單語로 계산되어 있는 식이다.

以上을 勘案하면 漢字語가 52%라 하지만 그 比率은 더 上昇하게 마련이요, 學術書籍에 있어서는 80% 以上이 漢字語로 보아야 할 것이 아닌가 한다.

4

漢字語에는 同音異義語가 너무나 많다.

㉠ 한글학회 중사전 願語彙 91,825單語 중 그 約 1/4이 되는 22,983單語나 된다. 이 통계는 一例로 '부정'을 '不正, 不定, 不貞, 不淨, 不精, 否定……' 등 7個만으로 계산한 것이다. 그러나 '부정개표 부정난시' 등 複合語의 數가 「국어대사전」에는 67個나 된다. 사실 이런 것도 同音異義的인 것으로 보아야 할 것이다.

㉡ 辭典에 몇 字의 漢字가 實用되었는지는 조사된 바 없는 것으로 안다. 東亞 새字典(金敏洙編)에는 23,558字가 실려 있다고 하는 바, 이것의 漢字音은 總 490이다. 490音으로 23,558字가 읽힌다는 말이다. 實用漢字語가 10萬 以上일 것은 분명하리라 보는데 이것을 490音으로 적으면서 한글專用을 하자는 것이다.

㉢ 文教部制定 常用漢字 1,300字 相互結合에 의한 單語가 54,422個라는 통계가 있다(中央大 語文論集 제3집). 이것은 每字의 造語數를 明記해 놓은 통계다. 그런데 이 1,300字 中 1音 1字의 것은 120字(쾌…快, 흑…黑)뿐이고 나머지 1,180字는 모두가 1音 2字 以上이고 1音 10字 以上인 것만도 '경, 계, 고, 구, 기, 도, 부, 사, 상, 성, 소, 수, 원, 위, 장, 전, 정, 제, 조, 주, 지, 화' 등이 있다.

이런 것을 모두 한글로만 적어 놓고도 前後文脈만으로 그 뜻을 알아차리는데 큰 지장이 없다는 強辯이다.

1,300字의 相互結合에 의한 54,422單語를 373個의 漢字音(1,300字의 漢字音 총계)만으로 나타내면 그 單語習得에 어마어마한 무리가 뒤따를 것인가는 自明한 일이다.

㉣ 常用漢字 1,000字 中 '사'로 읽히는 漢字가 '士, 史, 司, 四, 寺, 死, 似, 社, 私, 使, 舍, 思, 事, 砂, 査, 射, 師, 絲, 寫, 謝, 辭' 등 21字가 된다. 이들이 앞뒤에 놓여 이루어지는 單語의 수효가 많을 뿐만 아니라, 사관(士官, 史觀, 史官, 四關) 사고(思考, 事故, 社告, 四苦, 四顧) 사기(士氣, 史記, 社旗, 寺基, 死期) 사대(四大, 事大, 私大, 師大) 사도(師道, 邪道, 私道) 사법(司法, 私法, 四法, 史法) 사정(私情, 査定, 事情) 사실(事實, 史實, 寫實) 사감(私感, 舍監)이나, 의사(義士, 醫師, 意思, 議事) 대사(大師, 大使, 大事, 臺詞, 大蛇) 교사(教師, 校舍, 校史) 감사(監司, 監事, 感謝) 치사(恥事, 致死, 致謝) 면사(綿絲, 免死) 사방(砂防, 四方) 상사(上士, 上司, 商社, 商事, 相似, 喪事, 想思, 常事) 유사(類似, 有事, 有史) 등 '사'가 앞뒤로 놓인 漢字 同音異義語도 수두룩한데, 이것을 그 漢字語의 母胎가 되는 漢字는 가르치지 않고 英

語單語의 뜻을 외듯이 하면 된다는 것이다.

㉤ '사족, 사학, 사령, 사색, 사원, 사인, 사이비, 사설, 사립, 사명, 사택, 사상, 사실, 사금, 사찰, 사격, 사제, 사생, 사례, 사직'이 '士族, 史學, 司令, 四色, 寺院, 死因, 似而非, 社說, 私立, 使命, 舍宅, 絲狀, 事實, 砂金, 査察, 射擊, 師弟, 寫生, 謝禮, 辭職'임을 전후 문맥으로도 알아내는데 불편이 없다는 게 한글專用論者의 辯이요, '지사, 역사, 상사, 조삼모사, 봉은사, 객사, 근사, 금성사, 공사, 대사, 관사, 의사, 이사, 토사, 조사, 직사, 은사, 생사, 필사, 다사, 고사'가 '志士, 歷史, 上司, 朝三暮四, 奉恩寺, 客死, 近似, 金星社, 公社, 大使, 官舍, 意思, 理事, 土砂, 調査, 直射, 恩師, 生絲, 筆寫, 多謝, 固辭'임을 判讀하는데 그다지 불편이 없다는 게 역시 그들의 辯이다.

그런데 따지고 보면 이들 漢字말도 同音異義的인 것이라 하겠는데 이런 것까지를 계산에 넣으면 同音異義語의 %는 더욱 높아지는 것이다. 이런 高率의 同音異義語를 漢字知識 없이 判別한다는 것이 얼마나 어려운 것이냐 하는 것은 너무나 분명한 일이다. 같은 '사'를 써놓고 이때는 '선생'의 뜻, 이때는 '생각'의 뜻, 이때는 '절' 이때는 '일' 이때는 '집'과 같이 個別的으로 교육을 해도 된다는 것이다.

㉥ 뿐인가? 같은 '사' 音이라도 '士, 吏, 四, 死, 似, 使, 事, 謝' 들이 語頭에 올 경우, 이들은 長母音으로 발음되는 것들이고 '司, 寺, 社, 私, 舍, 思, 砂, 査, 射, 師, 寫, 辭'는 주로 短母音으로 발음되는 것인데 이것을 '사'로만 써놓고 그 長短교육을 해도 된다는 것이 그들의 辯이다. '事' 字가 長母音으로 발음된다는 것을 한번 옳게 가르쳐 주면 '事情, 事實, 事件, 事故, 事大, 思想, 事理, 事務, 事業, 事積, 事前'의 '事'는 언제든지 길게 발음되는 것, '師' 字는 짧게 발음되는 것임을 쉽게 알 수 있을 것인데 이것을 '사'로만 써놓고 이때는 '길게', 이때는 '짧게' 읽으라고 지도하자는 게 한글專用論者의 辯이다.

사실상 해방 후의 한글專用 方向의 교육으로 長短발음은 亂脈

을 이루고 있지만 다음은 東亞漢 韓大辭典에 나타난 常用漢字千字 中 '사'로 읽히는 21字가 漢字말 뒤에 놓여 이루어진 말의 統計다.

常用漢字↓ 造語數→	앞말에 놓인 말 總數	千三百字와의 結合으로 된 말	뒤에 놓인 말 總數	千三百字와의 結合으로 된 말
士	31	27	★0	0
史	48	36	16	16
司	92	61	5	5
寺	21	20	7	6
死	103	87	26	19
似	3	1	7	6
社	89	70	10	10
私	164	132	4	4
使	40	31	17	14
舍	20	13	11	10
思	42	29	10	9
事	82	76	36	33
砂	30	17	4	2
査	31	22	7	5
射	42	26	8	8
師	52	40	23	20
絲	23	10	★0	0
寫	46	42	11	8
謝	21	17	10	10
辭	42	36	17	14
四	266	192	3	2
計	1,288	985	222	201

★표는 이 統計에서는 하나의 用例도 보이지 않으나

士…人士, 勇士, 兵士, 紳士, 上士, 中士, 下士, 運轉士, 名士, 高士, 義士, 志士, 機關士, 棋士, 騎士, 博士, 碩士, 學士, 樂士, 烈士, 力士, 壯士, 演士, 居士, 才士, 女士, 門士, 道士, 技士, 軍士, 講士, 謀事, 武士, 方士, 死士, 書士, 速記士, 英士, 令士, 陸士, 鬪士, 辯護士, 辯士, 海士, 空士, …

絲…鐵絲, 生絲, 綿絲, 絲不亂, 絹絲, 蠶絲, 麻絲, 製絲, 網絲, …

등이 있으니 아마 다른 것들도 밑에 놓여 이루어지는 말은 상당수의 누락이 있을 것으로 보인다.

여하튼 이들 '사'가 앞뒤에 놓여 이루어지는 總語彙 數는 統計에 나타난 것만으로도 1,288+222=1,510單語요, 1,300字 相互結合으로 이루어진 것은 985+201=1,186單語다. 그러니까 21字의 뜻만 제대로 가르치면 千單語 以上의 낱말의 뜻을 우선 半은 알 수 있다는 결론이 나온다. 뿐인가, 그 발음도 옳게 할 수 있다는 것이다.

5

國漢字混用文이 讀解에 能率的이다.

漢字는 表意文字로서 視覺的으로 빨리 뜻을 알아차릴 수 있고 무궁한 造語力이나 縮約力이 있음이 長點이나, 글자 數가 많고 劃數가 많아져 배우기 어렵고 쓰기 어려운 短點이 있다. 한편 한글은 表音文字로서 무슨 소리든 거의 나타낼 수 있다는 점과 배우기 쉽고 쓰기 쉽다는 長點이 있는 優秀한 文字다. 그러나 위에서 들어보인 바와 같은 무수한 漢字語, 그중에서도 同音異義的인 性格을 띤 말이나, 人名, 地名 등 固有名詞나, 學術用語나, 觀念語 따위를 적기에는 지나친 부담을 주는 感이 있다.

表意文字인 漢字가 아무리 視覺的인 文字라 하더라도 漢字만의 글을 읽기 어렵고, 表音文字인 한글이나 英字나 가나(假名,

日本글자)가 아무리 배우기 쉽고 읽기 쉽다하나 이들 表音文字만의 글은 독해에 시간이 걸리는 것이다.

그런데 漢字'가나' 混用文으로 日本의 독서率을 世界一(年間 1人當 3,000面, 西歐 1,080面, 韓國 60面)로 했다는 주장이 있으며 그들이 明治維新 후 불과 二百에 西歐 先進文化를 흡수하여 世界 頂上을 향해 치닫고 終戰 後에도 역시 漢字가나 混用文으로 계속 外來 文化를 받아 들여 復興이 促進되었다는 견해도 있다.

漢字'가나' 混用文이 讀書率을 올릴 수 있듯이 國漢字混用文으로 독서能率을 올릴 수 있음은 물론이다. 다만 해방 후의 한글專用 方向의 교육으로 이 독서력의 低下를 가져 왔을 뿐이다. 이렇게 해서 大學街의 書店은 不況이고 독서人口는 6%로 되고만 것이다.

6

우리는 과거나 현재나 永遠한 미래에 걸쳐 地政學的으로 中國과 日本사이에 끼여 있어 이들과 同文化圈 즉 漢字文化圈을 이루고 있으며 東南亞까지를 합치면 10億 안팎의 人口가 이 圈內에서 호흡하고 있는 것이다. 西歐諸國이 로마字 문화권을 이루고 있는 것과 對比가 된다 할 것이다.

그런데 漢字를 버리지 않은, 아니 버릴 수도 없는 中共과 日本이 최근 國際的으로 地位가 向上이 되어 世界 5極 中 2極을 이루고 있는 것이 엄연한 現實이다. 우리가 내 글자만을 써야 한다는 感情에 사로잡힐 것이 아니요, 사실상 漢字는 2千년 동안 쓰여 왔고 우리말의 太半, 그 골격을 이룬 漢字말을 적어온 國字라 할 수밖에 없는 사실을 認識해야할 것이다.

7

우리와 비슷한 처지에 있는 日本에서 常用漢字 1,850字(人名, 地名用漢字 별도)를 쓰고 있으며 小學校에서 996字를 가르치고 있다. 이것은 科學的인 調査硏究나 實驗結果에서 얻은 결론이다. 幼稚園 保育園에서까지 전국 各地 2百餘 個處에서 漢字교육을 하고 있다는 것이다. 漢字의 長点을 利用하자는 積極的 姿勢다. 文化의 發展, 敎育의 效果를 거두기 위해서는 어려운 漢字敎育이라도 해야 옳다는 태도다. 실상 그들은 우리보다도 훨씬 漢字 배우기가 어려운 것이다. 一例로 '生'字는 'セイショウ(ツャウ) ぃきる いかすらまれゐ らむ き なま おら はこゐ ゼイ ジョウ (ジャウ)' 등으로 읽히는 것이다.

8

다만 漢字는 그 字數의 過多가 문제인즉 造語力이 强한 것이라든지 그 밖의 必要不可缺의 상용한자를 再査定, 制限해서 쓰고 劃數 많은 漢字는 略字 代用字 쓰기 연구를 해야할 것이며 姓名 地名用 漢字 등도 신중히 검토해서 점차 한자를 줄이는 방향의 연구가 필요하다.

9

어린이들이나 시골 농부들도 쓰고 있는 한자어 정도라면 한글로 써도 讀解에 약간 시간이 더 걸리기는 하나 큰 지장은 없을 것이다. 그러나 말이 어디 그런 것들 뿐인가. 폐단이 없는限 한글愛用의 情神은 좋고 한글機械化의 長点은 살리는 게 바람직하다. 그러나 학술서적 같은 것을 순 한글만으로 하는 것은 賢明하지 못하다. 찍어내는 것이 목적이 아니라 읽혀야 하며 讀解가 效率的이어야 함이 先務이기 때문이다.

10

무엇보다, 국민학교로부터 단계적으로 漢字敎育을 실시하되 高校까지 최소한 1千3百字를 가르치도록 해야 된다. 한글版의 교과서로 義務敎育은 고사하고 中·高교육을 마치고도 제나라 新聞하나 못 읽는 그래서 한글專用을 지지할 수밖에 없는 愚民量産의 교육은 止揚되어야 한다.

한글版의 교과서로 數萬 漢字語의 뜻을 語源도 모르고 英語單語 외듯이 個別的으로 기억을 하고, 同音異義語의 뜻(例─水理, 水利, 受理, 修理, 數理……), 그 發音(例─'古典과 苦戰', '舞踊, 武勇과 無用', '定價, 正價와 丁哥, 鄭哥'), 그 맞춤법(例─'國利와 窮理', '糖尿와 終了')을 個別的으로 기억하는 부담보다 漢字敎育으로 漢字의 有緣性을 살리는 것이 效率的이다.

순 한글版의 교과서로는 同音異義語가 많거나 辭典에도 없는 말이 있어 辭典이나 字典도 찾기 어렵고 따라서 字學 自習도 어렵다. 선생에게만 依存하는 공부법을 취할 수밖에 없고 실상 中·高학생들이 科學이나 一般社會 공부를 할 때 보면 內容 파악에 앞서 낱말공부를 먼저 해야 하는 형태인 것이다.

漢字가 쓰기 어렵다면 우선 보고 읽을 수 있게 하고, 뜻만이라도 알 수 있게 하는 교육을 국민학교로부터 해야 할 것임을 거듭 强調한다.

〈『국어교육연구』 제2호, 제주도국어교육연구회, 1971.〉

國漢混用體制 確立을 위한 硏究

Ⅰ. 序　論

中國은 漢字專用의 나라로 그 數의 過多는 많은 文盲者를 낳았고, 魯迅은 漢字亡國論까지 폈다. 스탈린은 中國의 傳統文化破壞, 漢民族을 瓦解시키려는 陰謀가 있었으며 中國大陸에서 共産黨이 성립된 이후 蘇 共産黨은 在蘇 유학생인 吳玉章(註 1949. 10. 中國文字改革協會主役), 瞿秋白(註 1929. 2. 郭質生과 함께 라틴化 中國字母草案作成) 등에 명령하여 라틴化 中國音 方案을 연구토록 하여 中國에서의 漢字폐지를 획책했고 毛澤東은 이에 追從했던 것이다.

毛澤東은 49年 大陸에서 主權을 잡은 후 共産主義에 맞지 않는 中國傳統文化의 근원인 孔孟과 儒敎思想을 반대, 批孔反儒 운동을 벌이고 그를 위해 漢字폐지를 궁극의 목표로 라틴化(로마字化) 運動을 벌인 것이다.

그러나 中國은 鄧小平 등장 이후, 孔子의 復權이 두드러지고 로마字化는 不可能하며 *Pinyin*(倂音)의 倂用도 實現의 可能性이 없다 한다. 다만 小學校에서 新出字만 로마字로 발음표시를 하고, 簡字로 활발한 識字敎育을 하는 方向으로 나아가고 있으며 1987년 11월에 나온 "現代漢語常用漢字表"(國家語文工作委員會

編)에 常用字 2,500字, 次常用字 1,000字, 合計 3,500字를 보이고 있다.

日本의 知識인들도 中國의 文字改革 運動에 자극을 받아 漢字 없애는 方向의 文化行政을 하는 것이 進步의 方向이라고 생각하는 이가 꽤 있었다. 그러나 表音派는 退勢하였으며 鈴木修次의 '漢字再發見'이라는 책에, "國字改革, 가다가나의 氾濫 등으로 죽어가던 漢字가 情報工學의 發達과 함께 지금 蘇生하려 하고 있다. 中國文明의 最高 智慧가 낳은 最高傑作─漢字는 傑出한 表現力, 情報力, 經濟力을 가지고 있다."라는 指摘이 있다.

그 日本에서 現在는 常用漢字 1,945字로 制限은 되었는데, 그러나 有限數의 漢字를 活用하는 方向의 行政指導로 進行돼 온 것이다.

現時點에서 우리의 경우,

○ 國漢混用체제 확립 國民大運動을 벌여야 할 切迫한 단계에 있다고 생각한다.

순우리말과 漢字말이 함께 國語다. 한글과 漢字는 各各 長短點이 있는 바 採長補短하여 國漢混用 체제를 확립하는 것이 가장 賢明하다. 이제는 한글 專用政策을 清算하고 國漢混用 체제를 확립할 때다. 學校에서 漢字敎育을 철저히 하는 前提라면 폐단이 없는 限 一般社會에서의 한글 愛用 政策은 무방하다고 본다.

Ⅱ. 本 論

1. 常用漢字 制定運動

1) 2,000字 內外의 常用漢字制定(1988字도 可)

漢字의 여러 長點이 있음은 사실이나 그 短點 또한 적지 않다. 하나는 글자 數의 過多다.

그러나 우리는 훌륭한 表音文字인 한글이 있으므로 漢字數는 2,000字 정도의 常用漢字면 日常生活엔 充分하다고 본다. 이 정도의 漢字라면 그렇게 큰 부담은 아니다. 비록 多少 부담이 된다고 해도 克服해야 할 부담이요, 순 한글로 그 숱한 漢字語의 뜻을 漢字知識 없이 英語單語의 뜻 외우듯 記憶하는 부담에 比하면 훨씬 能率的이다.

1950年 常用漢字 1,000字, 1957年 常用漢字 1,300字를 定한 바 있고, 1972年 1,800字의 漢文敎育用 基礎漢字가 制定되어 오늘에 이르고 있다.

1979년 韓國語文敎育硏究會에서는 基礎漢字 1,800字 중 170字를 첨삭하여 1,800字의 常用漢字案을 확정, 發表한 바 있다(語文硏究 21號, 1979. 3. 一潮閣). 이 1,800字의 造語力은 10萬單語 이상이다. 앞에 놓여 이루어진 單語數 85,370, 뒤에 놓여 이루어진 單語數 14,812(계100,182)이다.

姓名 地名用 漢字를 包含 2,000字 內外의 常用漢字를 制定했으면 한다.

1,988字도 可하다함은 常用漢字數에 意味를 賦與해 보자는 것이다. 저 日本이 常用漢字數를 1,945字로 한 것은 意圖的인 것으로 보인다. 敗戰의 해를 잊지 말자는 것이다. 그들의 切齒腐心하고 臥薪嘗膽하는 심정의 표현으로 본다. 우리도 서울올림픽 "한국 跳躍의 해"를 잊지 않게 하고 온 국민에게 民族的 矜持를 느끼게 할 수 있는 1,988字를 提案하는 것이다.

2) 適正數의 略字制定

漢字 短點의 다른 하나는 劃數 많은 漢字의 쓰기의 어려움에 있다. 쓰기에 있어 "旧, 乱, 万, 宝, 医, 声, 鉄, 体, 学, 号, …" 등이 얼마나 쉬운가. 그뿐만 아니라 이들은 中國, 日本에선 正字대신 쓰이고 있는 것들이다.

國際化時代에 中, 日과의 文化交流나 交易을 생각하면 略字制

定은 急하게 推進되어야 할 일이다.

1967年 文教部 略字試案(542字)이 發表된 바 있으나 불발로 끝난 바 있고, 1981年 朝鮮日報 게재의 略字表(試案 : 173字. 81年 4月 16日자 朝鮮日報)가 있었다. 韓國語文敎育硏究會에서는 朝鮮日報 略字試案의 檢討요청으로 1981年度 定期總會에서 小委를 構成, 審議하여 新聞用略字 181字를 定한 바 있으며(金斗燦 · 語文硏究 30號 1981. 10) 1983年 4月 朝鮮日報는 1차적으로 略字 90字를 채택한 바 있다. 우리 古文獻에 나오는 略字(韓國 略字에 對하여 : 南廣祐, 語文硏究 39 · 40號. 1983. 12, 漢字略字 日本式 아니다 : 南廣祐 月刊 朝鮮, 1983, 12월호, 日本略字에 대하여 : 南廣祐 牧泉兪昌均博士 還甲紀念論文集, 1984. 12), 中國의 宋元以來俗字譜, 中文大辭典, 現行簡字表, 日本의 略字表 등을 參照하여 適當數의 略字(우선 200자 정도)를 制定하였으면 한다.

2. 國民學校부터의 漢字敎育 復活强化運動

1) 常用漢字의 읽기를 中學校까지에, 그 쓰기를 高校까지에 完成目標

中國은 小學校 6年동안에 3,189字(6年制小學 語文統編敎材 生字表(1984 人民敎育出版社)를 가르치기로 되어 있으나 日本은 小學校 6年동안에 1006字(1989年度 發表)를 가르치기로 되어 있다.

1學年 80字, 2學年 160字, 3學年 200字
4學年 200字, 5學年 195字, 6學年 191字

北韓은 現在 우리 國5∼中2에 1,500字를 國漢混用(漢文敎科書)으로 가르치는데 우리 國5에서는 週 2時間, 國6에서는 1學期에 週 2時間, 2學期에 週 1時間씩이다(北韓의 漢字敎育 : 南廣祐, 語文硏究 61호, 1989. 5. 一潮閣)

우리의 경우 : 現在 국민학교 教科書는 순 한글인 바, 이는 잘못된 政策이다. 국민학교부터 漢字 학습을 단계적으로 行해져야 옳다. 日本의 가나에 비해 한글 字數가 越等히 많고, 그 받침이 어려우므로 2學年까지엔 한글의 組織的, 體系的 指導에 力點을 두되, 漢字는

1學年 50字, 2學年 100字, 3學年 150字
4學年 200字, 5學年 250字, 6學年 250字 計 1,000字

의 읽기(音, 訓)指導를 하고, 쓰기는 劃數의 적은 것과 劃數가 많은 것은 略字로 그 半 정도의 目標로도 좋다고 본다(例 : 栗村奬學會 理事長 辛春浩 農心會長 發行, 『韓國語』)

2) 國民學校 漢字實力 全國 競試大會 定例化

韓國語文教育硏究會와 少年朝鮮日報가 공동 주최하고, 한국국어교육학회와 西江出版社(財政支援)가 후원한 제1회 國民學生漢字實力競試大會를 '89년 10월 14일 오후 2시 서울 文昌國民學校에서 총 108개교 533명(서울 92개교)의 학생이 應試하여 성황리에 끝났다. 이것을 定例化할 예정이다. 제2회 대회는 1, 2, 3학년을 대상으로 300자로 하는 班과 4, 5, 6학년을 대상으로 1,000자를 대상으로 하는 班으로 갈라서 施行하려 한다.

3) 漢字級數制 制定
- 各種採用試驗에 ◀漢字試驗勸奬, 漢字級數考慮

國民學校졸업으로 1,000字, 中高졸업으로 2,000字, 大學졸업으로 3,500字의 漢字(實務漢字 2,000字 包含, 音 訓)읽기를 目標로 하고 그 半 정도의 쓰기를 試驗하여 國際化 時代에 쓸모있는 國民養成에 도움을 주고 漢字를 필요로 하는 業體에 從事하는 이들의 漢字實力 向上을 갖추게 함을 目的으로 制定코자 한다. 이 漢字級數制 制定을 여러 유관단체인 韓國語文教育硏究

會, 韓國國語教育硏究會, 한국국어교육학회, 韓國漢文教育硏究會 등이 공동으로 추진할 예정으로 기초 작업을 시작하였다. 이 사업이 가지는 意義에 비추어 行政當局, 業體, 言論界 등의 協助가 要請된다.

3. 漢字表記 運動 ─韓 中 日 人名 地名 그 밖의 固有名詞와 同音異義語, 漢字가 아니면 理解가 어려운 말 등

1) 姓名

姓이란 血統을 나타내는 것이요, 이름에는 行列字를 따르는 傳統이 있다. 血族間의 關係를 나타내어 種族間의 親愛의 情을 느끼는 것이 人之常情이다. 아마 이것이 우리 民族 固有의 美風이랄 수 있을 것이다.

그리고 돌림자 外의 한글자는 누구나 좋은 뜻을 담은 글자로 짓게 마련인데 父母가 짓기도 하고 作名家에게 부탁하기도 한다.

그런데 漢字이름을 순한글로 쓸 경우, 창기, 명기, 성기, 성교, 정사, 정자, 난자 등 실제로 있는 이름들인데, 이들 이름이 주는 印象은 作名한 분들의 意圖와는 전혀 딴 판이요, 한글 同名異人의 實例로 英姬 英熙 英禧 榮姬 榮熙 榮禧 泳姬 泳禧 泳熙 永姬 永熙 永禧 永嬉 寧熙 寧姬 玲熙…등도 있다. 그런데 이들 "永泳"은 긴소리로, 나머지 "英 榮 寧 玲"은 짧은소리여서 그 발음이 다른 것이다.

姓을 한글로 쓸 경우, 강(姜 康), 공(孔 公), 구(具 丘 邱), 노(盧 魯 路), 모(毛 牟), 방(方 邦 龐 房), 변(邊 卞), 사(史 謝), 석(石 昔), 신(申 辛 愼), 양(梁 楊), 여(呂 余), 유(柳 兪 劉 庾), 이(李 異 伊), 임(林 任), 장(張 蔣 莊 章), 전(全 田 錢), 정(鄭 丁

廷 程), 조(趙 曺), 주(周 朱), 진(陳 秦 晋), 하(河 夏)의 한글 宗氏가 문제가 되고 · ·는 긴소리 발음인데 한글 전용교육으로 제 姓조차 제대로 발음하지 못하는 젊은이들이 많은 것이 현실이다.

뿐만 아니라 "蘇 楊 桂 具 徐" 氏의 경우 本意가 아니게 "牛 羊 鷄 狗 鼠" 氏로 놀림을 받기도 하지만

高→故 孤島知事(高道知事)
具 丘 邱→舊
申 辛 愼→新
韓→한(一) 記者
杜→두(二) 선생
梁 楊→양(兩)教授
南→男校長
呂 余→女社長
李 異 伊→이(此) 記者
毛 牟→某氏
盧 魯 路→老 大統領(李承晩 大統領)
全 田 錢→前前 大統領(朴正熙 大統領)
前 全 大統領(全斗煥 大統領)
趙 曺→趙教授 曺教授는 萬年 助教授
夫→夫 市長→副市長 夫副市長→夫婦市長

성명을 한글로 쓸 경우에는

임신중	(任信重 任信中) 林 林	→ 姙娠中
주길련	(朱吉蓮) 周	→ 죽일년
배신자	(裵信子)	→ 背信者
김장수	(金章洙)	→ 김(海苔)장수

가 되어 놀림감이 되고 歷史的인 人物로 崇仰의 對象이 되어야 할 死六臣 중의 한 분이 "이 개", 大學者 "이 이"도 이미지(心象)가 좋지 않거나 鮮明한 印象으로 머리에 남지를 못한다.

李氏의 경우, 항렬자에 "丙 炳 秉"이 있고 신(申 辛 愼)씨의 경우, 申씨 이름 첫 글자에 用 容 庸 龍이 있고, 辛씨에 "容", 愼씨에 "鏞" 등 항렬자가 있다. 이름을 한글로 쓸 경우, 姓의 混同뿐만 아니라 모두 같은 항렬의 一哥가 되는 것이다.

국어 醇化의 일환으로 순 우리말식 人名을 생각하는 이들이 있다. 新羅時代의 人名 地名 등이 순 우리말식이었음은 누구나 아는 일이요, 오늘날 日本식(春子, 秋子, 秀雄) 혹은 西洋식(요한, 요셉) 이름도 있는 터에 우리말식(봄시내, 난새)을 되찾자는 생각은 나무랄 것이 없다. 내 개인 생각으로는 漢字漸滅을 前提로 固有名詞(人名 地名 등)에 대한 연구가 있어야 될 것으로 보고 私見을 편 일이 있다.

오늘날과 같이 國內의 交通網이 整備된 現況에서 一日生活圈이 形成되어 결국 각 地方 人士들의 交流가 쉽게 이루어지고 있어 同名異人이 많은 것은 하나의 문제점이 아닐 수 없다.

그러나 종래의 作名法에서 "正 貞 哲 昇 崇 卓 英 榮 德 昌 明" 등 뜻 좋은 글자가 쓰여 온 慣習을 감안하면 한글式 作名法이 과연 그렇게 쉽사리 번져 나갈 것인지는 未知數다.

한글 이름의 實例로 "김잔디, 민달래, 한수리, 이꽃개울, 금나라, 장나사로, 박꽃하얀, 박바로가" 등이 있고, 이씨 : 새록, 새난, 새내, 새배, 박씨 : 한미리, 한누리, 한서리, 한기리, 한수리와 같은 "새 리"돌림이 있으며 "김세레나, 위키리, 신헬레나"와 같은 西洋式 이름도 있다. 그러나 千年이나 있어온 行列字가 그렇게 간단히 무너질 것으로는 생각지 않는다. 또, 이것을 그렇게 버려야 될 이유도 없다. 그보다는 常用漢字나 人名用漢字나 (돌림字)범위 안에서 同名異人을 피할 수 있는 方策을 案出해냈으면 한다.

서울 市內 電話 加入者 가운데 同名異人은 김영자 801명, 김

정자 749명, 김정숙 581명, 이영자 501명, 김영숙 553명, 김영희 549명, 이정자 538명, 김정희 519명, 김순자 480명, 김정순 747명 등 주로 女子 이름이 많은 듯하고 男子이름으로도 12위 김영수(451), 김영철(21위. 358), 김영식(24위. 341), 김영호(25위. 340) 등이 있어 이들을 英 榮 玲 永 泳, 正 貞 晶 靜 定, 姬 熙 喜 熹 希 羲, 哲 撤 澈 喆 등 漢字표기를 하면 훨씬 同名異人이 줄어든다. 그러나 그것만으로 同名異人 문제가 해결되기는 어렵다.

同名異人을 줄이는 방법의 하나로 本貫을 姓 글자 위에 붙이는 일을 생각하는 이들도 있었지만은 慶州金××, 廣州李×× 式은 慶州에 사는 金××로 들릴 것 같다. 慶金 廣李, 아니면 金慶, 廣李를 姓으로, 또 지금처럼 돌림 글자 외에 한 글자만을 가지고 이름을 구별하자니 同名異人이 많을 수밖에 없음을 생각하면 돌림자 말고 두 글자를 가지고 이름을 짓는 방식을 취했으면 한다. 正直燮 正義洙 平和鉉 重厚鎬(· 는 돌림자)와 같은 이름을 지어 慶金正直燮 廣李正義洙 金慶平和鉉 李廣重厚鎬로 하면 姓도 살고 돌림字도 살릴 수 있어 좋지 않을까 한다.

2) 地名의 경우

광주(廣州 光州) 이천(利川 伊川) 고성(固城 高城) 영동(永同 永東 嶺東) 영천(永川 靈泉) 정주(井州 定州) 제주도(濟州島 濟州道) 신사동(新寺洞 新沙洞) 등 地名을 한글로 썼을 경우, 그 분간이 어렵고 그 發音 또한 다른 게 있다.(· 는 긴소리)

3) 校名의 경우

소의 국민학교(昭義) 오류 국민학교(梧柳) 미아 국민학교(彌阿)
실업 고등학교(實業) 무학 여자고등학교(舞鶴) 밀주 초등학교(密洲)

등을 한글로 썼을 경우 실제 校名과는 너무도 이미지가 다른

"소(牛)의", "五流", "迷兒", "失業", "無學", "密酒"가 되고 "경상대학"이 "慶尙大學"인지 "經商大學"인지 구별이 되지 않는다.

4) 同音異義語의 경우

漢字말에는 同音異義語가 매우 많다. 중사전(한글학회)에 91,825 單語 중 22,983單語가 漢字말 同音異義語니까 총 單語의 4分의 1이 되는 셈이다.

同音異義語에는 2개(國家 國歌)짜리에서, 6개짜리(冬期 同期 同氣 動機 童妓 銅器)는 말할 것도 없고, 7, 8개(不正 不定 不貞 不淨 不精 否定 副正 負正)짜리도 수두룩하며 10개가 넘는 것도 적지 않다.

국어대사전에는 4, 5萬개의 同音異義語가 있는 것으로 추산되며 18개(상사, 사전, 정수), 심지어 23개짜리(사기, 고사)도 있다.

同音異義語말고도 漢字없이 뜻 識別이 어려운 한글 一哥도 수없이 많다.

"사"音 한글 一哥("사"字同姓) 한글 兄弟("사"字 行列)는

> 사감 사고 사기 사설 사실 사장 사정 사제 사족 사직 사채 사표…
> 가사 감사 공사 관사 대사 독사 면사 상사 은사 의사 치사 하사

뿐이 아니다. 앞에서 同音異義語란 말을 썼지만 엄밀하게 따지면, 가령 한글로 "금수"로 적어도 "禽獸 禁輸 錦繡"가 있는 바 "禽獸"의 "禽"은 짧게 발음하고 "禁輸 錦繡"의 "禁 錦"은 길게 발음되는 것이다. "成人 聖人"도 그렇다. 발음이 다르다. 이런 同音異義語가 많아 漢字 말의 경우 한글학회 중사전에는 6,796개가 있다는 통계가 있으므로 同級異義語를 두 개씩만 잡아도 6,796×2=13,592 어휘는 장단구별을 해야 하는 형편이다.

이 비율로 따지면 국어대사전에는 수만의 同音異義語가 있다고 보아야 한다.

그런데 同音異義語에는(괄호 안은 발음표시, :는 긴소리)

정가 — 情歌 丁哥 鄭哥(정:가) 定價(정:까) 正價(정:까)
시가 — 詩歌 媤家 市街(시:가) 時價(시까) 市價(시:까)
사적 — 私敵 史蹟(사:적) 史籍(사:적) 私的(사쩍) 史的(사:쩍)

과 같은 것도 있어서 장단뿐 아니라 된소리냐 아니냐도 구별되어야 하는데 漢字로 "定價 正價 時價 市價 私的 史的"이라 쓰고 그 "價的"을 된소리로 읽는다고 가르치면 "高價 米價 物價 廉價 公的 美的 人的 知的 情的"의 발음도 自得할 수 있다.

이런 것을 "정가 시가 사적 공적 정적" 등으로 적으면 뜻은 姑捨하고 제대로 읽을 수도 없는 것이다.

漢字無識의 한글세대는 이렇게 해서 量産된 것이다.

표기법도 그렇다. 특히 同音語의 경우, 국리와 궁리, 격멸과 경멸, 문리와 물리, 국문과 궁문, 학문과 항문, 성남과 석남(石南—仁川 근처 地名) 등을 漢字知識 없이 구별 表記한다는 것은 英語 스펠링 외는 식의 부담이 따르는 것이다.

以上의 설명으로

순 한글 教科書, 한글 專用 新聞 雜誌, 電話番號簿, 道路標識板, 看板, 門牌, 名啣 등

에서 한자를 배제할 수 없는 까닭을 알 수 있을 것이다.

5) 外國의 國名 人名 地名

외국의 國名 人名 地名 등 고유명사도 익어진대로 漢字로 적자는 것이다.

외래어는 외국어 아닌 국어이기 때문에 국내인끼리 통용되면 족하기 때문이다.

① 英 美 蘇 佛 伊 加 瑞西 瑞典 和 白 印 越南 泰 濠 土 印尼 印支…

② 中國과 日本은 함께 한자를 共用하는 同文化圈으로, 한자로 적은 地名이나 人名 등 고유명사를 각각 제 나라 한자음으로 읽어 제각기 국내인끼리 의사소통이 되면 되는 것이다.

例) 장개석(蔣介石) 모택동(毛澤東) 등소평(鄧小平) 호적(胡適) 호지명(胡志明) 풍신수길(豊臣秀吉) 명치(明治) 이등박문(伊藤博文) 남차랑(南次郎) 여순(旅順) 중경(重慶) 양자강(揚子江) 광동(廣東) 북구주(北九州) 동경(東京) 대판(大阪) 경도(京都) 광도(廣島)

③ 현행 외래어 표기법에서 특히 같은 漢字文化圈 內의 固有名詞에 原音主義를 취한 것은 큰 잘못이다.

中國에서 韓國이나 日本의 人名 地名을 中國漢字音으로 발음하고, 日本에서도 韓國 中國의 人名 地名을 日本漢字音으로 발음하듯이 우리나라에서도 中國이나 日本의 人名 地名을 漢字로 적고 韓國漢字音으로 읽어 우리나라 사람끼리 알아들을 수 있고 알아볼 수 있으면 된다는 것이다. 다만 外交上 現地音을 쓰는 것은 당연한 일이요, 現地音으로 굳어진 人名 地名 등 固有名詞는 例外로 하면 된다.

○ 漢字를 없애려는 한글전용주의자들의 着想으로 한자의 視覺性(韓 中 日을 一貫하고 古今을 一貫 例 南京 京都 孔子 加藤淸正)을 무시하고 聽覺性만을 내세우는 것이지만, 현재의 中國漢字音이나 日本漢字音을 제대로 아는 사람이 얼마나 있는가.

○ 聽覺性을 내세우면서 도쿄 기타 규슈 式 발음은 原音과도 거리가 먼 것이고 中國音의 경우 랴오뚱 쑹메이링 이라 적어도 遼東 宋美齡의 성조를 모르면 한글을 써놓고 발음한다 해도 그네들이 알아들을 수도 없는 것이다.

○ 신문 잡지 그 밖의 서적이나 사전을 보게 하기 위해서도 이 原音主義는 시정되어야 한다.

4. 國語醇化 運動

1) 發音教育

오늘날 發音 문제가 학교 교육에서 소홀히 다루어지고 신문이나 라디오 TV 등 뿐 아니라 語文 관계자들까지도 크게 관심을 보이지 않는 듯이 보임은 유감이 아닐 수 없다.

학교 교육에 있어 올바른 발음교육의 노력이 있어야 하고 언론이나 語文 관계자들이 發音 문제에 크게 관심을 기울여 주었으면 하는 것이요, 國語醇化라는 面에서도 크게 浮刻되어 온 국민이 醇化된 표준말 生活을 할 수 있는 노력이 있어야 하겠다.

한 나라 안 사람이 같은 올바른 發音의 표준말을 쓰는 것이 국민 서로간의 和合을 이룰 수 있는 좋은 길임이 틀림없고, 또 醇化된 표준말의 使用은 國民의 情緒純化에도 도움이 될 것이다.

訓民正音 창제 후로부터 壬辰倭亂까지의 中世語 문헌에 순우리말이나 漢字말이나간에 발음표시를 위한 傍點(平 上 去 入)이 찍혀 있음은 알려진 사실이다.

다만, 東國正韻에 의거한(漢字音은 물론) 聲調는 당시의 현실聲調와 거리가 있다. 당시의 聲調는 "上 去無別(東國正韻 序文)의 혼란임에도 聲點은 완전히 中國韻書와 일치하게 意圖的으로 해있기 때문이다.

그러나 "순우리말"의 경우는 訓正制定후의 中世語문헌, "漢字音"의 경우는 東國正韻式 漢字音이 아닌 現實聲調인 中世語 문헌의 聲調가 現代國語의 발음과 대체로 일치한다.

결론적으로 中世語 문헌 聲調는 連綿히 이어져 現代語에 이르렀다고 할 만하며 傳統性이 유지되어 있다고 할 수 있다.

즉, 中世語文獻에 上聲인 것은 오늘날 순우리말이나 漢字音이나간에 대체로 긴 소리요, 平 去聲인 것은 대체로 짧은 소리라 할 수 있고, 入聲 漢字音(ㄱ ㄹ ㅂ 받침)은 모두 짧다.

이러한 傳承발음의 심각한 혼란의 要因은

① 中世語 문헌에 있던 傍點이 壬亂 이후 문헌에는 없어져 規範性이 무너졌다.
② 현대어 各 辭典에 발음표시가 있으나 통일성이 없다. 통일이 되어 있는 것에도 問題点이 있다.
③ 日帝下 국어교육의 不在로 傳承 발음교육의 기회가 없었고, 한편 日本 漢字音의 영향을 받았다.
④ 해방과 6.25사변으로 인한 越南동포나 피난민의 移動 등이 있어 서울 발음의 혼란이 빚어졌다.
⑤ 해방 후, 6.25사변이나 4.19, 5.16, 10.26, 5.18 등 연달은 혼란 상태나 데모 事態 등으로 心性에도 적잖이 영향이 미쳐서인지 특히 된소리化가 심해졌다.
⑥ 發音教育은 不毛地帶였다.
⑦ 한글전용 방향의 교육으로 漢字音 長短에 대한 認識이 缺如되어있다.
⑧ 표준발음이 定立되어 있지 않아 準據가 없다 해도 過言이 아니다.
⑨ 학교 教師나 라디오 TV 등 放送員이나 出演人士들의 잘못된 발음에 의한 오염이 또한 크다.

등이 아닌가 한다.

以上의 발음 혼란의 要因으로 해서 傳承된 긴 소리를 무분별하게 짧은 소리로, 傳承된 짧은 소리는 逆으로 긴 소리로 하는 등 특히 青少年層의 長短 발음의 혼란뿐이 아니라, 語頭에 있어서나 語中에 있어서 된소리化의 경향이 심하고 그밖에도 여러 가지 발음의 혼란이 있다.

우리는 單一民族으로서 單一한 言語를 써온 文化民族이다. 그러함에도 日帝下에 우리 말과 글을 잃을 뻔했던 과거가 있고, 日語의 영향을 여러 가지로 받아 왔다. 우리는 國語를 사랑하고 우리말의 連綿히 이어져온 傳承발음의 傳統性을 계승해서 品位있는 국어로 가꾸어야 하겠다고 생각한다.

2) 긴요한 國語醇化

日帝植民地의 殘滓와 外來風潮의 범람으로 오염된 민족정신을 바로잡고 바른 言語生活을 통하여 國民總和와 國力伸張에 힘써야하는 現時點에서 가장 긴요한 일의 하나가 國語醇化라고 할 것이다.

外來語 범람 등 國語醇化의 沮害要因을 분석하면 다음과 같다.

① 과거 오랜 漢字借用의 歷史에서 어려운 漢字 말을 써야 識者인 체 할 수 있다는 생각이 있었고, 光復 후에는 영어를 <아는>체 해야 知識人인 체 할 수 있다는 <지각없는> 層이 있다.

② 光復 직후 국어淨化운동으로 日語의 찌꺼기나 漢字말 몰아내기 운동이 전개되어 얼마간의 實效를 거둔 일이 있다.

　그러나 억지 造語에 의한 新語濫造는 오히려 言衆의 外面으로 共感을 얻지 못한 채 失敗했으며 그나마 西歐系 外來語에 대해서는 거의 放置狀態에 있었다.

③ 漢字 말을 쓸 바에야 西歐系 外來語도 무방하다는 思考方式에서 새 漢字造語는 안했으므로 西歐系 外來語가 불어났다고 볼 수 있다.

一例로 外國語 투성이인 학용품의 이름을 들어 보기로 한다. 미국 영화의 주인공 베트맨(*BATMAN*), 국내에서 수출용으로 제작하였던 공상과학만화영화의 주인공으로 한국산 서양아이라 할 수 있는 원더 키디(*WONDER KIDDY*), 미국 영화의 주인공 챔프(*CHAMP*), *ROMANCE, VIVA, LOVE TOUCH, WHITE BOX* 등등

이는 요즈음 初中高等學校 학생들이 사용하는 필통, 노트, 볼펜, 연필, 지우개 등 學用品의 이름들이다. 최근 문화부에서 시행한 조사에 의하면 7가지 학용품 2,420種의 이름 중에서 순한글식 이름은 불과 10.6%인 255種이었고, 외국 이름이 압도적으로 많은 1,655種 68.4%에 달했다고 한다. 이런 학용품 중에서 가장 외래어를 심하게 쓴 것은 볼펜이었고(90.3%), 그나마 연필이 33.3%정도 우리말을 쓴 것으로 되어 있다.

참고로 지난 81年부터 88年까지 특허청에 등록된 상표 중 문구류 1,631件의 表記現況을 보면 우리말(순우리말 및 漢字) 表記는 24.5%, 外國語表記 29.4%, 混用表記가 46.1%이며 순우리말 表記는 8.5%에 불과한데 특히 80년대 前後半을 비교해 볼 때 하반기 상표증가율 20%가운데 우리말 表記는 10% 減少, 외국어 및 混用表記는 10%증가를 보였다는 新聞報道도 있었다(1990. 4. 23. 月. 京仁日報).

④ 적당한 우리말로 바꾸려 해도 우리말이 多音節語인 까닭에 音節이 늘어나고, 傳統的 造語法을 모름으로 해서 新語 만들어내는 言衆의 힘은 微弱하다.
⑤ 外來語에 능한 젊은이들은 漢字知識이 모자라(?) 漢字에 의한 새 造語가 어려울 뿐만 아니라 이것을 忌避하는 풍조마저 있어 學術用語 등 原語 그대로 쓰는 경향이 아닌가 한다.
⑥ 恭待語를 쓰는 것은 非民主的이거나 封建殘滓 정도로 생각하는 풍조, 즉 my나 You로 통하는 西歐的 思考方式의 보급으로 傳統的 恭待法이 무너져 가는 것이 아닌가 한다.
⑦ 政府기관 등에서 <綠地帶>를 "그린벨트" <국세조사, 인구조사> 하던 것을 "센서스" <전국 소년 체육대회>해도 될 것을 "전국 스포즈 소년 대회", <식당차>하던 것을 "사롱카(사전에는 살롱카)"로 하는 등이 外來語를 즐겨 쓰는 氣風을 助長(?)했다고 볼 수 있다.

이상에서 國語醇化의 對象은 대체로 드러났는데, 우리말의 현황을 놓고 생각할 때 國語醇化運動에서 우리가 힘써야 할 일은 크게 두 가지로 가를 수 있지 않을까 한다. 하나는 西歐系 外來語(혹은 外國語)의 濫用이나 日語의 殘滓橫行과 같은 外的 要素에 대처하는 것이고, 다른 하나는 우리 말 자체에서 辱說 隱語 卑俗語 등이 亂舞하고 무너진 敬語法, 엉망인 발음, 公的 生活에서도 거리낌 없이 쓰이고 있는 方言, 거리에서도 볼 수 있는 잘못된 표기나 각 신문마다 다른 外來語 표기와 國名 地名표기에 이르기까지 그 內的 要素에 대처하는 일이다.

觀點을 달리해서 國語醇化의 대상을 音聲 音韻(發音의 잘못 지나친 硬音化현상, 長短音의 混亂 등), 語彙(隱語, 卑俗語, 辱說, 外來語 및 外國語, 方言 등), 語法(敬語法이나 잘못된 被動詞 補助形容詞의 用法 등), 正書法(外來語 表記法 包含) 등으로 갈라서 생각할 수도 있을 것이다.

3) 西歐系 外來語와 日語 殘滓

① 순우리말이나 漢字말이 있는데 굳이 西歐系 外來語나 日語를 쓸 까닭이 없다.
② 氾濫하는 西歐系 外來語, 특히 生硬한 外來語와 日語의 殘滓는 되도록 순우리말이거나 漢字말로 바꾸는 작업을 해보는 것은 좋은 일이다.

이 경우, 새말은 簡潔 正確해야 하는 바 傳統的 造語法에 따른 우리말化에(따개, 손톱깨깨, 조이개, 가리개)는 바람직하나, 너무 길어지는 造語(머리받기-헤딩, 길게 이어주기-롱패스, 달리며 쏘기-러닝슛)는 피해야 하며 漢字 말을 기피하는 편협성이 止揚되어야 한다.

나는 우리 固有의 造語法이 학자에 의해 연구되고 일반 言衆에게 보급되어 오랜 漢字借用의 歷史, 日帝下 40년 동안의 이지러졌던 語文生活에서 잊을 수밖에 없었던 우리의 傳統的 造語法을 되찾아 外的 要素에 대처하는 새말을 만들어 보는 노력을 해봄직하다고 생각한다.

콤비네이션 - 協同 짝맞춤, 나이트게임 나이터 - 夜間競技 밤競技, 스피드볼 - 速攻 빠른공, 킥오프 - 先蹴, 페널티킥 - 勝負킥, 존디펜스 - 地域防衛, 베스트멤버 - 主戰選手, 메인이벤트 - 主競技, 스파링 - 練習競技, 타이틀매치 - 選手權戰, 모놀로기 - 獨白, 시튜에이션 - 狀況, 히로인 - 女主人公, 프롤로그 - 序幕, 序曲, 序詩, 앙상블 - 調和, 판타지 - 幻想曲, 幻想, 풀베이스 - 滿壘, 맨투

맨디펜스 - 對入防禦, 디스커션 - 討論, 가이던스 - 指導, 데탕트 - 和解, 키포인트 - 要點, 르포르타지 - 踏査報告, 쇼비니즘 - 國粹主義, 오리엔테이션 - 事前敎育, 모럴 - 道德心, 道義心, 페센티지 - 比率, 커리큘럼 - 敎科課程, 채플 - 禮拜, 오도리티 - 權威, 커미티 - 委員會, 제너레이션 - 世代

등에서 볼 수 있듯이 漢字의 視覺性 造語力 縮約力 등, 그 長點을 이용하는 造語가 西歐語를 막아내는 힘이며, 이 힘은 앞으로도 이용하는 것이 賢明한 것임을 알게 되었을 것이다.

Ⅲ. 끝맺음

1) 우선 모든 국민이 文化民族이라는 矜持로 내말을 즐겨 쓰는 風潮, 내말을 소중히 생각하는 精神的 姿勢가 필요하다.

2) 현 국어연구소를 格上하여 정부에서 大統領 直屬, 아니면 國務總理 主管下에 恒久的인 기관으로 하고 그 사업의 하나로 이 外來語(西歐系나 日語系, 순 日本式 漢字語)를 순우리말이나 漢字말로 바꾸는 作業을 하는 것이 바람직하다. 그러나 言衆에게 이미 익어진 外來語까지를 바꾸려는 것이어서는 안 된다.

3) 外來語를 순우리말이나 漢字말로 바꿀 경우, 새말은 簡潔正確해야 하는 바 傳統的 造語에 따른 우리말化는 바람직하나 억지 造語는 피해야 한다.

4) 무엇보다도 漢字나 漢字말을 기피하는 편입성은 止揚해야 한다. 2千年 이상의 使用의 歷史, 固有의 漢字音, 同化度로 보아 그 특수성을 몰각할 것이 아니라, 오히려 漢字의 視覺性, 造語力, 縮約力 등 長點을 이용하여 造語하는 것이 西歐系 日本系 外來語의 범람을 막을 수 있는 唯一한 길임을 認識해야 하며, 漢字말을 西歐系 外來語보다 친근하게 생각해야한다.

5) 국민 서로가 “남을 높이는” 精神을 가지고 “점잖은 말”(품

위 있는 말)을 쓰는 일과 올바른 발음의 醇正한 말씨를 쓰도록 하는 방향의 學校敎育이나 社會運動이 전개되어야겠다.

6) 敎員 俳優 放送員 등 被敎育者나 大衆에게 미치는 영향이 큰 이들의 採用에 이 點이 고려되고, 또 이들에 대한 再敎育 등이 행해져야 하며 軍隊用語의 醇化도 연구되어야 한다고 생각한다.

國語造語力(순우리말, 漢字말)을 되찾고 순정한 발음과 올바른 말씨를 되찾아 우리말의 品位를 높이는 것이 國語醇化의 길이며, 이를 위해서는 國民常用漢字의 制定과 국민학교부터의 漢字敎育 復活의 時急性을 강조하지 않을 수 없다.

〈『皐雲 李鍾郁 博士 古稀紀念學術論文集』, 수원대학교출판부, 1990.〉

蘭汀 南廣祐 文集 編輯을 마치며

漢字敎育을 통한 國語敎育의 正常化를 推進하고자 결성하신 韓國語文敎育硏究會의 國語運動과 硏究活動을 盤石위에 올려놓으셨고, 漢字敎育을 振興시키기 위하여 韓國漢字能力檢定會를 設立하셨으며, 이들 두 團體의 活動을 確固不動하게 뒷받침하고자 社團法人 韓國語文會를 조직하신 蘭汀 南廣祐先生님께서 돌아가신지 10年이 되었다.

선생님께서 돌아가신 후, 蘭汀先生님의 글들을 한데 모아 보자는 意見은 그동안 꾸준히 있어왔으나 막상 모으려 하다 보니 原稿의 全體 分量이 어느 정도나 되는지 가늠하기조차 어려워 實質的인 作業은 이루어지지 못하였었다. 그러던 중 2007年 4月부터 崔洪烈 敎授에 의하여 蘭汀先生님께서 쓰신 글들의 目錄作成 作業이 비로소 시작되었다. 쓰신 글들이 收錄된 論文集과 新聞, 雜誌 등을 살펴 목록을 確認하는 작업은 그 量이 尨大하여 朴光敏 先生과 韓東完 敎授 그리고 韓國漢字能力檢定會 全鍾國 本部長도 함께 목록 작성에 힘을 보태었다. 蘭汀先生님을 기리는 마음으로부터 시작된 일이라고는 하나 그저 고마울 뿐이다.

확인을 마치고 整理된 글의 分量은 실로 尨大하였다. 이에 南基卓 敎授, 崔尙鎭 敎授 그리고 韓東完 敎授는 의논 끝에, 방대한 글 모두를 한 번에 한 자리에 모으는 일이 慾心이라는 判斷을 하게 되었다. 차근차근 정리하는 것이 일의 穩當한 進行 方案이라고 생각한 것이다. 그리하여 이번의 整理 作業 對象을 일

단 專攻 論文에 局限하기로 하였다. 論說文이라든가 隨筆類 등의 글들의 정리 작업은 다음 順序로 미룬 것이다. 여기저기 흩어져 있는 論文을 모은다는 意味를 가진 작업이라는 사실을 考慮하여, 蘭汀先生님께서 生前에 묶어 出版하신 冊에 실린 논문들은 除外하기로 하였다.

5월부터 진행된 電算入力 作業에는 江原大學校 國語國文學科의 鄭成美 先生과 洪慈嬰 先生 그리고 손진희 先生 등이 애써주었으며, 韓國漢字能力檢定會의 金世敬 先生과 韓芝善 先生도 힘을 아끼지 않았고, 入力이 進行되고 난 후의 全般的인 編輯과 校訂 作業은 韓國漢字能力檢定會의 李光珍 博士가 全的으로 도맡아 주었다. 細細한 編輯 規則에서부터 文集의 全體 體制 決定에 이르기까지 모든 걸림돌을 解決하고, 總括해 준 韓在永 教授, 그저 感謝할 뿐이다.

蘭汀先生님의 글들을 한데 모아 보자는 처음의 뜻과는 여전히 距離를 두고 있는 일의 結果가 많은 아쉬움을 가지게는 하나, 이만한 結果를 보이는 데에도 참으로 많은 분들의 도움이 없었다면 이룰 수 없는 일임을 記憶하여 거듭 고맙다는 人事의 말씀을 드린다.

끝으로 出版界의 어려운 事情에도 不拘하고 尨大한 蘭汀 南廣祐 文集의 出版을 快히 許諾해 주신 月印의 朴成福 社長님과 編輯部 職員 여러분들의 勞苦에도 이 자리를 빌어 고마운 마음의 뜻을 드리는 바이다.

蘭汀先生님을 다시 한번 마음에 기리며, 우리의 작은 마음 씀씀이와 努力의 結果가 행여 先生님의 業績에 累를 끼쳐 드리지나 않았으면 하는 바람뿐이다.

2007年 12月 4日

蘭汀 南廣祐 文集 刊行委員會 삼가 적음

蘭汀 南廣祐 文集 4

漢字敎育

인 쇄 • 2007년 11월 26일
발 행 • 2007년 11월 29일

펴낸이 • 韓國語文敎育硏究會
서울시 서초구 서초1동 1627-1
전 화 • (02) 1566-1400

배포처 • 도서출판 **月印**
서울시 강북구 흰구름길 19-3(수유2동 252-9)
등록 • 제6-0364호 / **등록일** • 1998년 5월 4일
대표전화 • (02) 912-5000 / **팩스** • (02) 900-5036
http://www.worin.net

ISBN 978-89-8477-381-3 (세트)
ISBN 978-89-8477-385-1 94710